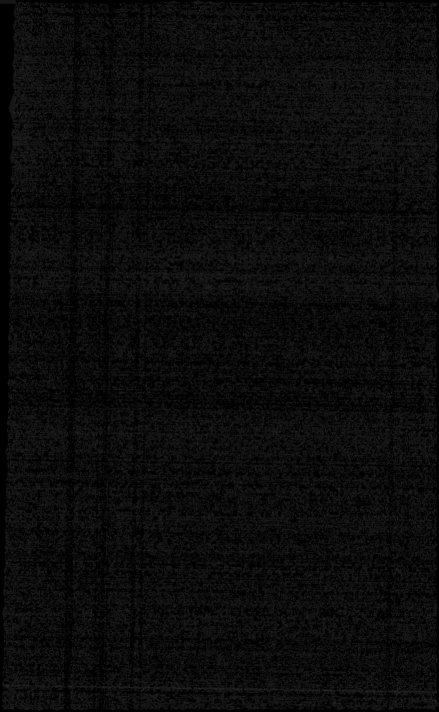

サッカー

戦術クロニクル 0《ゼロ》

トータルフットボールの源流と未来

西部謙司

KANZEN

サッカー

戦術クロニクル

0《ゼロ》

トータルフットボールの源流と未来

西部 謙司

サッカー戦術クロニクル ゼロ

［目次］

プロローグ　トータルフットボールとは何か？

このたび「戦術クロニクル」をリニューアルすることになりました。初版は2008年なのでそろそろ10年を経過します。その間にサッカーも変化してきましたから、現状を踏まえてもう一度書き直すことになりました。メインテーマの「トータルフットボール」は変わりません。

トータルフットボールは、1974年西ドイツワールドカップで準優勝したオランダ代表の代名詞でした。キャプテンでエースだったヨハン・クライフを中心に、ポジションを入れ替えながら攻守を行ったことからトータルフットボールと呼ばれました。ただ、同じ時期の西ドイツもトータルフットボールと呼ばれていて、そのころに流行した言葉でした。アヤックスでトータルフットボールを始めたといわれるリヌス・ミケルス監督は、

「我々の前にはオーストリアのヴンダーチームがあった」

と、話しています。ヴンダーチームと呼ばれたオーストリアは1930年代にピークを迎えています。ミケルスは1928年生まれですから、ヴンダーチームを直接見たわけではないでしょう。また、当時の映像もほとんどないと思います。それでもミケルスがヴン

ダーチームに言及したのは、そのイメージが明確に語り継がれてきたからでしょう。それだけ人々の記憶に残るプレーをしていたのだと思います。センターフォワードは「紙の男」という奇妙なニックネームのマティアス・シンデラーでした。技巧派のシンデラーはゴールを狙うだけでなく、自由に動いてゲームメークもしていたようです。このあたりがトータルフットボールにつながるチームとされている理由の1つかもしれません。

1950年代のハンガリー代表も、トータルフットボールのプロトタイプであったといわれています。こちらは映像も残っています。グスタフ・セベシュ監督は「社会主義のフットボール」を掲げていて、全員攻撃全員守備を理想としていました。GKを除くすべての選手が、すべてのポジションでプレーするというイメージです。実際にはそこまでポジションが流動的だったわけではありませんが、センターフォワードが中盤まで引いて、入れ替わりにインサイドフォワードやウイングが前線へ出て行くポジションチェンジは頻繁に行われていました。ポジションが固定的だった当時としては画期的なプレースタイルです。ポジションの流動性と、それに伴う選手たちの攻守両面での働き。これがトータルフットボールの核になる部分です。

しかし、なぜポジションを入れ替える必要があったのでしょうか？

プレーヤーは何でも同じようにやれるわけではありません。攻撃能力の高い選手でも守備は苦手かもしれませんし、その逆もあります。足の速い選手、得点力のある人、空中戦に強いなど、それぞれ得手不得手があり相応しいポジションがあるわけです。すべてのフィールドプレーヤーがすべてのポジションを同じようにこなすことは理想かもしれませんが、あまり現実的ではないでしょう。全員攻撃全員守備でポジション互換性の高いトータルフットボールよりも、適材適所のポジション固定型の戦術のほうが実は効率がいいような気もします。

しかし、各ポジションのスペシャリストを組み合わせる、この発想からはトータルフットボールの意義は見えてこない。適材適所を超えたところにトータルフットボールのメリットがあるはずです。

ここでカギになる人物がいます。ジミー・ホーガンという英国人指導者です。

彼は第一次世界大戦が始まる前に英国からヨーロッパ大陸に渡り、いくつかの国でコーチとして活動していました。その1つがオーストリアであり、ハンガリーでした。ホーガンがヴンダーチーム(オーストリア)とマジック・マジャール(ハンガリー)の基礎を作ったといわれる所以です。ハンガリーのセベシュ監督は、30年代の強豪であるオーストリアを念頭にチーム作りを行ったといわれています。

ジミー・ホーガンが大陸に伝えたのは、スコットランド式のショートパス戦法でした。

自身はイングランド人ですが、ロングボールとフィジカルコンタクトのイングランド式ではなく、ショートパスを中心とした緻密な技術のスタイルを教えたのです。ホーガンが選手たちを前に行ったというデモンストレーションが伝えられています。自分に向かって力一杯蹴らせたボールを、ことごとくピタリとコントロールするという模範演技です。彼は「ボールはコントロールできる」ということを実際に見せて納得させたかったのだと思います。技術のフットボールをやるうえで、ワンタッチコントロールはその出発点だからです。

ショートパスの連続でボールを運び、攻め込んでいくならば、「動き」も不可欠になってきます。パスをして動く、パスを受けるために動く、その動きと技術を接合するのがタイミングであり、タイミングを共有するためにはボールはピタリとコントロールされていなければならない。そして、このショートパスのフットボールでは技術の緻密さやアイデアが必要になりますが、スペシャリティはとくに要求されません。

背が高い、足が速い、強いボールを蹴れる、ドリブルで抜けるといった特別な能力は、とくになくてもいい。そのかわり、ボールを止める、蹴る、動く、味方と敵の動きを見る、次の展開を予測するといった能力が重要になる。しかも、チーム全体でそれを持っていなければなりません。

技術のフットボール、ショートパスを軸にしたプレーでは「動き」が伴う。このプレースタイルに向いた技術のある選手たちが揃った場合、ポジションの流動性はある意味自然に発生していきます。パスして動き、また受けてさばいて動く。それが連続すると、DFの選手は流れの中で前線に出るかもしれない。そして攻守が入れ替わったときには、FWがDFのポジションを埋める必要も出てくるでしょう。

つまり、技術とショートパス軸のフットボールの行き着く先はポジション流動性のあるトータルフットボールになっていくと考えられるわけです。

単に選手のポジションを交換するからトータルフットボールなのではなく、パスワークのスタイルを貫いた結果、ポジション互換性が必要になってくる。つまり、パスワークこそがトータルフットボールの源ということがみえてきます。

例えば、快足ウイングからのハイクロスを長身のセンターフォワードがヘディングシュートを決めるというスタイルでプレーするなら、足が速い、空中戦に強いといったスペシャリティが決定的になります。適材適所の個＋個がチームの力です。一方、パスワークのトータルフットボールで個のスペシャリティは決定要因ではありません。それよりも、全員が「フットボールを上手くプレーできる」ということがはるかに重要です。スプリンターやジャンパーでなくてもいいですがフットボーラーではなければならない。さらに、フットボーラーが1人だけでは効果がないので、なるべく多くの、できればフィールドプレーヤー全員がフットボーラーであるのが望ましい。トータルフットボールはフットボールの上手いフットボーラーによる、個よりも連係のプレーになる。いかにチームとしてプレーできるか、ですね。

オランダがトータルフットボールの決定版になったのは、パスワークにプレッシングという守備戦術を加えたからです。引いて守るのではなく、前に出て積極的にボールを奪いに行く守備戦術。パスワークでの押し込みとプレッシングによる早期奪回、これの繰り返しで試合のリズムを作ります。この最高傑作は、おそらく2008年から始まったジョゼップ・グアルディオラ監督下のバルセロナでしょう。

ちょうど前回の「戦術クロニクル」が出来たのも偶然2008年でした。それから戦術は変化しています。トータルフットボールの流れを汲むベストチームが現れた後、フットボールはどうなっていったのか、そこから話を始めます。

パスワークとプレッシング。この2つをトータルフットボールの成立要件と仮定して、過去から現在に、そして現在から未来へ、トータルフットボールをキーワードに戦術史を紐解いていきたいと思います。

2017年6月　西部謙司

Chapter 1
トータルフットボールの現在

黄金時代を迎えたレアル・マドリー

2016－17シーズンのUEFAチャンピオンズリーグ（CL）はレアル・マドリーの優勝で幕を閉じた。

レアルは前年に続く2連覇で、1992年にCLになってからの連覇は史上初だった。レアルは4シーズンで3回優勝、華々しいクラブの歴史上でも何度目かの黄金時代を迎えている。トータルフットボールの最新バージョンといえるかもしれない。

レアル以前のヨーロッパの覇者はバルセロナだった。

2017年現在でもバルセロナはレアルに匹敵する実力者だが、少し前のバルサはもっとはっきりと優位性を持っていた。具体的には08－09シーズンのCLに優勝し、1シーズンおいて10－11も優勝した、ジョゼップ・グアルディオラ監督に率いられていた時期がピークである。〝ペップ〟はトータルフットボールの本流を受け継ぐ監督でもある。

「70パーセント程度ボールを保持していれば、我々のやり方なら80パーセントの試合に勝利できる」

これはヨハン・クライフ監督の時代から語り継がれてきたバルサ式フットボールの教義だ。

良いプレーをすればそれだけ勝利に近づくという考え方を表したものだが、ボール保持について「70パーセント」という具体的な数字を出しているのと、「我々のやり方で」と言っているのがポイントだ。

まず、ボールポゼッション70パーセントというのはフットボールの試合においてかなり一方的な展開を意味する。つまり、バルサが圧倒的にボールをキープし、相手を押し込んでいるゲーム展開を指す。相手を押し込み、バルサのほとんどの選手がハーフウェイラインより敵陣側へ入ってしまうことで、ほとんどのプレーが敵陣側で行われることになる。ボールを失っても素早くプレッシャーをかければ、すでに全体がコンパクトになっているので高い位置での効果的なプレッシングが可能で、そのまま敵陣でボールを奪うか、相手にロングボールを選択させてすみやかに回収できる。この洗練されたパスワークと即時のプレッシングの循環によって、ほとんどの攻守を敵陣で完結させてしまうことがバルサの目指している「我々のやり方」である。

70パーセントのポゼッションとバルサ方式の遂行、これができれば80パーセントは勝てるというのが彼らの考え方だ。面白いのは勝率8割で、20パーセントは勝てないと言っているのと同じなのだが、フットボールとはそういうゲームだと彼らはよく知っているわけだ。自分たちがやるべきプレーを完遂しても、2割は勝てない試合があると最初に言ってしまっているのがバルサらしいところかもしれない。そうした理不尽が起こるのもフットボールであり、それでも良いプレーをすることが勝利への近道で、100パーセントでないのを受け入れつつ、迷わず邁進すべきだと説いているわけだ。

ペップのバルサは敵なしだった。2割は負けるのがフットボールなので、CLを連覇できたわけではないが常に優勝候補の筆頭ではあった。また、ボールポゼッションは目標値の70パーセントを超えて80パーセントまで跳ね上がる試合も増えていた。相手に反撃の機会さえ与えず、一方的に攻めつけて勝利するスタイルに磨きがかかっていった。しかし、まもなくバルサの優位性は徐々に失われていく。

パスワークの中心だったチャビ・エルナンデス、アンドレス・イニエスタがピークを過ぎたのは大きな要因である。ただ、それだけでなく対戦相手が進歩した。バルサのハイプレスを外してカウンターアタックに出るチームが増えてきたのだ。バイエルン・ミュンヘン、パリ・サンジェルマンは充実した戦力と高い技術でバルサのプレッシングをかわせるようになっていた。バルサ式の攻守の循環が突き崩されるようになったわけだ。そうしたバルサに対抗できるチームの筆頭がレアル・マドリーだった。

4局面のオールマイティ

レアル・マドリーはプレースタイルにおいてバルセロナに近い。これは互いのファンや関係者は決して同意したくないことだろうが、スペインのライバルは他のどこよりも近いかもしれない。ただ、ライバル関係なので共通点より相違点を強調したがる。

「レアルはＦＷのフットボール、バルサはＭＦのフットボール」

これはよく言われていて確かにそういう傾向はあるのだが、そんなに大きな相違点ではない。とくに今となっては、レアルはバルサに、バルサはレアルに寄ってきている。16－17シーズンのレアルの看板はもはやＢＢＣ（ベイル、ベンゼマ、クリスティアーノ・ロナウド）の３トップではなく、クロース、モドリッチ、カゼミーロのＭＦ陣だ。一方、バルサはティキ・タカ時代のチャビ、イニエスタ、ブスケツよりも、ＦＷ＝ＭＳＮ（メッシ、スアレス、ネイマール）のチームになっている。

とはいえ、レアル・マドリーは戦術的にバルセロナほどの緻密さがなかったのは事実である。技術的に優れた選手が多く、レアルのボールポゼッションは常に高い。押し込めるので前線からのプレッシングも効果的だ。ただ、ポゼッションとプレッシングの循環をバルサほど強化できていなかった。看板のＢＢＣはいずれも大柄な選手だ。スピード、パワー、テクニックを兼ね備えたスーパーな３人ではあるが、機動力という点ではバルサに劣る。メッシはともかくペドロやアレクシス・サンチェスのように攻撃から守備に切り替わったときの速さを期待できるタイプではない。その点で、レアルのプレッシングは不徹底だった。しかも、ＢＢＣのストロングポイントは圧倒的なスピードなので、彼らを生かすためにはカウンターアタックこそ最適という事情もある。速く攻めれば早く失うので、戦列が間延びしやすく、ハイプレスを仕掛ける条件は整わなかった。

そもそも、レアルはバルサをコピーするつもりは最初からない。さらに戦術優先の補強もしていない。レアルの補強戦略は昔から補強というよりコレクションに近くて、その時代で最も優れたアタッカーを揃えることに重点が置かれている。古くは50年代にディ・ステファノ、コパ、ジジ、プスカシュと似たタイプのアタッカーを次々に補強していたのにはじまり、00年代にはフィーゴ、ジダン、ロナウド、ベッカム、オーウェンと毎年１人ずつスーパースターを獲得していった「銀河系」と呼ばれた時期があった。

強い選手を集めているから強い、というのがレアルの基本的な補強戦略である。

確かに強いのだが、戦術面での整合性はとりにくい。それでもジダンの伝説的なボレーシュートでＣＬ優勝した01－02あたりまでは個々の能力差で相手をねじ伏せることはできていた。しかし、その後の11シーズンはビッグイヤーを獲得できず、バルサの全盛期の前に影を薄くしていた。

風向きが変わったのが13－14シーズンの〝デシマ〟（10回目の優勝）だ。

指揮を執ったのはカルロ・アンチェロッティ監督。ユベントス、ミラン、チェルシー、パリ・サンジェルマンなど会長やオーナーの意向の強いクラブを率いて結果を出してきた人物で、ある意味レアルを率いるのにもってこいの監督である。このシーズン、リーガ・エスパニョーラの優勝は逃したものの、コパ・デル・レイとCLを獲っている。転機となったのはコパ・デル・レイ決勝のバルセロナ戦だった。このシーズンのリーガ・エスパニョーラに優勝したアトレティコ・マドリーは対バルサ戦の戦績がよく、アンチェロッティ監督はアトレティコの戦法をコピーしてバルサを打ち破っている。アトレティコの戦術は堅固な4－4－2からのカウンターアタックだった。レアルは同じ街のライバルの戦法を採り入れることで積年の悩みに終止符を打ったといえる。

BBCの最大の武器は高速カウンターだ。ところが、レアルと対戦するほとんどの相手は引いて守備を固めてしまうのでカウンターはあまり使えない。メインの攻め手はバルサと似たポゼッションからの切り崩しになる。戦力が突出しているレアル、バルサの二強のプレースタイルが似てくるのは必然なのだ。しかし、レアルはバルサほど戦術の整合性がない。そのうえ、バルサとの対戦ではポゼッションすら不利だった。

アトレティコがバルサに強かった要因は、2トップも守備組織に組み入れた強固な守備力にあった。アンチェロッティはそこに着目し、4－3－3から4－4－2へフォーメーションを変え、アトレティコのように守ることにした。守備を強化することで、本来の最大の武器である高速カウンターも威力を発揮しやすくなる。

アトレティコ化のキーマンはアンヘル・ディ・マリアだった。ディ・マリアのポジションは4－3－3のインサイドハーフ（左）だが、バルサ戦ではもっぱら4－4－2の左サイドハーフとなっていた。守備のときは、MF全体が左へスライドし、逆の右サイドにはガレス・ベイルが下りてくる。この時点でレアルのフォーメーションは4－3－3から4－4－2に変化し、ロナウドとカリム・ベンゼマの2トップになった。2トップはMFのラインに近づいて10人がコンパクトになって守るアトレティコ方式である。

アンチェロッティ監督の可変システムは、2つの点でレアルの積年の課題を解決している。まずはロナウドの守備。左ウイングとしてのロナウドは守備力に難があった。相手にボールを支配されて押し込まれる展開になると、どうしてもロナウドが疲弊してしまう。しかし、2トップとして前線に残れば、アトレティコ方式での守備は求められるとはいえ、左ウイングとして大きく上下動を繰り返す必要がないぶん消耗を避けられた。ロナウドを前線へ残すことでカウンターアタックの威力も維持できる。得点源の生かし方という課題をこれで解決できたわけだ。もう1つは、いかにバルサに勝つか。レアルが唯一ボールを持たれてしまう相手に対してどう戦うかだったが、アトレティコのように守り、アトレティコ以上のカウンターを突きつけることで勝機を見出したわけだ。

CL決勝の相手は、レアルが見本にしたアトレティコ・マドリー。しかし、アトレティコの強みを吸収したレアルはこのカードでの優位性があった。

慎重に戦っていたレアルだったが、36分に先制された後は攻勢に転じてセルヒオ・ラモスのロスタイムの起死回生弾で延長へ。延長で3ゴールをもぎとって4－1で勝利した。試合を均衡させる4－4－2だけでなく、いざとなれば3トップに変えて攻勢をかけることもできる。堅守速攻1本のアトレティコに比べると戦い方に幅があった。

ポゼッションとプレッシングの循環に特化したバルサ全盛期は終わり、堅守速攻でもポゼッション＋プレッシングでも戦える、オールマイティのレアルが新たな戦術的進化を果たしたように思えたのだが…。

アンチェロッティの挫折とジダンの継承

CLを制覇し、4局面オールマイティで戦術の進化をリードすると思えたレアル・マドリーだが、次のシーズンには早くも頓挫してしまう。

「彼だけは放出するな」

アンチェロッティ監督には珍しく、補強について言い置いてオフに入ったにもかかわらず、レアルは結局ディ・マリアをマンチェスター・ユナイテッドに放出してしまうことになった。この14年の夏にはブラジルでワールドカップが開催されている。コロンビアのエースとして活躍したハメス・ロドリゲスに背番号10のジャージを用意して迎え入れ、さらに優勝したドイツからもトニ・クロースを獲得した。オフの目玉として獲得したハメスを使わないわけにもいかず、そうなるとBBC+ハメスではディ・マリアのポジションがない。可変式のキーマンとして不可欠だったディ・マリアがあっさり放出されたのは、ロス・ガラクティコスのキーマンだったクロード・マケレレのケースと似ていた。

スター・アタッカーをコレクションするレアルにおいても、自ずとヒエラルキーは形成される。ロナウドとベイルはともに左ウイングを得意とするが優先はロナウドだ。スターの中にも優先順位はある。全員を思うようにプレーさせるのが理想だが、プレースタイルが重なっていれば誰かは割を食うしかない。さらにBBCを起用するなら、そのぶん守備を負担しなければならない選手も必要になる。アンチェロッティの可変式システムではディ・マリアの攻守に渡る献身性と運動量が支えになっていた。スター軍団にとって要になるのは、むしろ割を食った選手であり、その選手がどこまでチームに貢献してくれるかでパフォーマンスは左右される。銀河系時代ではジダン、フィーゴ、ロナウド、ラウルの背後を支えたマケレレこそが要であり、デシマのチームではディ・マリアだったわけだ。

要を外された以上、もう可変式は使えない。ＢＢＣ＋ハメスの強攻策でどこまでやれるかだったが、ＣＬ連覇もリーガ制覇も逃してアンチェロッティは解任されてしまう。シーズン中はクラブ史上最多の公式戦22連勝も記録したが、レアルで主要タイトルを取り損ねた監督は解任に決まっている。

後任のラファエル・ベニテスはリバプールでのＣＬ制覇など実績のある監督だったが、レアルを再生させることはできなかった。堅守速攻型の手堅い戦術を得意としてきた人であり、スター・コレクションのレアルとは相性が悪すぎる。解任決定となったバルセロナ戦では、ＢＢＣにハメスまで起用するやけくそ気味の采配で大敗した。

シーズン途中の解任によって、ジネディヌ・ジダンが抜擢される。ジダンはジョゼ・モウリーニョ、アンチェロッティの下でアシスタントを経験した後、レアルの下部クラブであるカスティージャで監督デビューしていた。監督としてはほとんど実績もなく、いきなりレアルを率いさせるのはハードルが高すぎるようにみえた。しかし、ジダン新監督はすぐにチームを掌握、最終的にはＣＬ優勝を果たす。

ジダンはアンチェロッティと似たタイプの監督といえる。居並ぶスターの誰もが、なるべく気持ちよくプレーできるような環境を作ることでチームのパフォーマンスを上げようとする監督だ。レアルとの相性は悪くない。現役時代が近いこともあり、カリスマ性も抜群だった。

ただ、ジダンは物わかりがいいだけの男ではない。普段はロナウドやベイルの攻め残りを容認していても、ここという試合では守備を厳命することもできた。CL決勝では、相手のアトレティコにボールを持たせる奇策も打っている。

本来、レアルは攻撃型の矛のチームであり、アトレティコは盾のチームである。ところが、ジダン監督は自分たちが盾となることで武器の強制交換を仕掛けた。ボールを持たされたアトレティコはその状況に慣れておらず、決して強固ともいえないレアルの守備陣を前に攻めあぐんだ。互いの長所ではなく、短所をさらけだして戦うようなマイナスのゲームの中、レアルは図々しく振る舞ってPK戦の末に勝利している。互いの長所をぶつけ合う戦いでは、アトレティコのほうが有利だとジダン監督は考えたのだろう。いざとなればプライドを捨てた奇策も断行できるところにジダンの監督としての強さを垣間見た気がした。

そして16－17シーズン、レアル・マドリーはリーガ・エスパニョーラとCLのダブルを達成する。もうジダン監督は奇策を用いていない。終始冷静で、スターたちへの信頼を崩さず、不満を溜め込まないようにローテーションまで採り入れながら、すべてを勝ちとっていった。

レアルの看板はもうBBCではなくなっている。ベイルの負傷欠場が多かったこともあるが、終盤戦はイスコをトップ下に起用する4－4－2が定番だった。ルカ・モドリッチ、トニ・クロース、イスコの3人によるレアル版ティキ・タカである。ただ、かつてのバルサほどポゼッションに重きを置いたわけではなく、FWのスピードを生かすカウンターは重要な攻め手になっていた。新しいスター軍団のキーマンは中盤の底でスターたちを支えるカゼミーロである。

カゼミーロの重用によって、クロースとモドリッチは最も力を発揮できるインサイドハーフに定着した。2人のマエストロによる組み立てでは、レアルに新たなパワーと安定感をもたらしている。この2人がいることで、押し込まれた状態からでもパスをつないで押し返すことが可能になり、カウンターアタックもセットできる。カルバハル、マルセロの攻撃力のあるSBを押し出すこともできる。カウンター後の逆カウンターに対しては、カゼミーロが保険になっていた。

「ロナウドは休みながらプレーする段階になった」(ジダン監督)

それまではどんな試合でも強行出場していたロナウドを、体調とは関係なく定期的に休ませている。そのおかげか、終盤戦でロナウドはハイ・パフォーマンスを維持して重要な試合で重要な得点を決め続けた。また、ロナウドは別の意味でも「休みながらプレーする」ようになっていた。

数年前のロナウドは左ウイングのポジションから、ドリブルでカットインしてのシュートを得意としていた。個の力で強引にでも点をとってしまうストライカーだった。ところが、16－

17シーズンはゴール前に特化した点取り屋に変貌している。少し前からその傾向はあったのだが、ゴール前以外はスタミナの消耗を避けるようにシンプルなプレーに終始し、ゴール前の最後の局面でフルパワーを出す。中盤の充実によって守備負担も軽くなり、ルーカス・バスケスを投入する場合は、2トップとして残ることもできた。右ウイングのルーカス・バスケスはワーキング・ウインガーとして中盤から前線までを動き回り、4－3－3から4－4－2へシフトする守備固めで貢献している。アンチェロッティ時代のディ・マリアのような役割といっていい。

強力なMF陣を軸に攻撃型のチームとして新境地を拓く一方、ゲームの流れの中でルーカス・バスケスを投入して4－4－2や4－5－1で手堅く守る。引いたときの守備力が最高かといえばそうでもないが、その比較的弱い部分を見せないように、ジダンは4局面すべてに強いオールマイティのレアルへいつのまにか軌道修正していた。アンチェロッティが先鞭をつけた未来への道は途絶えたかにみえてつながっていたようだ。

シティとグアルディオラ

「私とジダンの共通点は髪の毛だけだ」（グアルディオラ）

トータルフットボールの正当後継者はジダンではない。レアル・マドリーはトータルフットボールの流れとは別のところにいたチームである。

1974年ワールドカップのオランダがトータルフットボールという言葉を有名にした。ここを起源とすれば、その哲学とプレースタイルが受け継がれたのは直接的にはアヤックスでありバルセロナだ。アヤックスでリヌス・ミケルス監督が着手してオランダ代表とバルセロナに伝え、時を経てアヤックスとオランダとバルサのスーパースターだったヨハン・クライフが監督としてアヤックスとバルサで復活させた。

クライフ監督時代のバルサで活躍した選手たちの多くが監督やスポーツディレクターなどの要職に就いている。ロナルド・クーマンは16－17シーズン時点でエバートンの指揮を執る。アンドニ・スビサレタはバルサのディレクターを経て、現在はマルセイユ。エウセビオ・サクリスタンはレアル・ソシエダを率いている。ミカエル・ラウドルップはスウォンジーにクラブ史上初のタイトル（リーグカップ）をもたらした翌年に解任され、現在はカタールのクラブを率いている。アイトール・ベギリスタインはマンチェスター・シティのディレクターだ。しかし何と言ってもミケルス、クライフを引き継ぐ第一人者はグアルディオラである。

08年からバルセロナの全盛期を築いた後、バイエルン・ミュンヘンでブンデスリーガ3連覇、16－17シーズンからマンチェスター・シティの監督に就任した。

シティでの初年度はプレミアリーグ3位、CLはラウンド16でASモナコに敗れて敗退。ペップとしては珍しく無冠でシーズンを終えた。ただ、最初から上手くいくとは思っていなかったのではないか。レアル、バルサの二強リーグだったリーガ・エスパニョーラ、ボルシア・ドルトムントしかライバルがいなかったブンデスリーガと違い、プレミアは複数の優勝を狙えるチームがひしめいているリーグなのだ。シティは優勝候補の1つではある。ただ、グアルディオラ監督の指向する戦術に合った選手が揃っていたわけではない。

GKのジョン・ハートはイングランド代表の正GKであるにもかかわらず、ペップが就任するとすぐにトリノへ貸し出されてしまった。ペップの戦術には足下のスキルが高いGKが必要だったからだ。ハートの後釜にはクラウディオ・ブラボをバルセロナから獲得した。ところが、ブラボもいくつかの致命的なミスを犯している。DF陣もペップのこれまで率いてきたチームの水準には達していない。バイエルンで用いて有名になった、SBをボランチ化させるビルドアップもシティでは上手く機能していなかった。

グアルディオラ監督は、シティでバルサのフットボールを再現しようとしているわけではない。それはバイエルンでの仕事をみればわかる。バイエルンではバイエルンのスタイルを作り上げている。その成分はほとんどバルセロナと同じでも、流し込まれる型が違えば出来上がりも違う。タイ焼きと今川焼きが似ているけれども違う製品であるように、バルサとバイエルンは出来上がりが違っていた。具体的にはフィニッシュへのアプローチの部分だ。

バルサではリオネル・メッシの「偽9番」を採用した。圧倒的な中盤の構成力とメッシの個人技を生かすためにそうしていたわけだ。だが、バイエルンで「偽9番」はほとんど使っていない。バイエルンの武器は強力なウイング（フランク・リベリー、アリエン・ロッベン）であり本物の9番（マリオ・マンジュキッチ、ロベルト・レバンドフスキ）だったからだ。フィニッシュへ至る最後の局面で重要なのは、どんなプレーヤーがいるかである。武器を最大限に活用するための仕組みを作る、その点でグアルディオラのやり方は一貫している。逆にいえば、チームの武器が異なればフィニッシュへのアプローチは当然変わってくるわけだ。

ただし、そこまでのボールの運び、あるいは守備に関してはあまり人材に左右されない。GKはビルドアップに加わらなければならないし、奪ったボールは確保されなければならない。CBもSBもパスワークの高い技術が要求される。ここに関して妥協はなく、技術が足りないから蹴ってもいいということにはならない。パスワークとプレッシング、これについてはバルセロナ、バイエルン、シティのどこも共通していて譲れない部分なのだ。パスワークとプレッシングはトータルフットボールの成立要件でもある。

バルサではメッシのドリブル突破をフィニッシュへ結びつけるアプローチをメインに据えた。バイエルンでは、バルサではほとんど使わなかったサイドからのハイクロスを多用していた。

これは前記したようにアタッカーの武器が異なるからだ。シティでは低いクロスボールをメインとしている。スピードのあるウイング（ラヒーム・スターリング、リロイ・サネ）はバイエルンと同じだが、CFのセルヒオ・アグエロはハイクロスに強いタイプではなく、低いパスを得点に変えることを得意としているからだ。組み立ての中心になるダビド・シルバ、ケビン・デ・ブライネも空中戦より地上戦向きである。

ただし、シティの得点力はチェルシーとトッテナムに及ばず、チーム最多得点（31点）のアグエロもリーグ得点ランキング4位にとどまった。シーズン途中で加入したガブリエル・ジェズスがフル稼働できていればまた違うアプローチと結果もあったかもしれないが、シティの攻撃力はバルセロナはもちろんバイエルンの威力にも達していない。土台のパスワークがまだ不安定で、さらに武器についても改善の余地がかなりあるからだ。グアルディオラ監督下の1年目は、まだ道半ばというところだろう。

グアルディオラ監督は、これまで出会った才能やライバルとの競争の中から、常に新たな何かを生み出し続けてきている。プレミアはその機会と刺激に溢れていて、シティは資金も潤沢にある。ミケルスやクライフがそうだったように、グアルディオラも新しい場所でトータルフットボールを根づかせ、更新していくのだろう。

トータルフットボールの〝似ていない兄弟〟

オランダのトータルフットボールを直接的に継承したのはクライフ監督が率いたバルセロナだが、少し違った形で継承したチームがある。アリゴ・サッキ監督のACミランだ。

サッキはオランダのアグレッシブな守備に着目し、それをゾーンディフェンスと組み合わせることでプレッシングとして復活させた。ミランの新しいシステムは、それまでにないインテンシティを持ち、プレッシング戦法は戦術史をそれ以前と以後を分かつ大きな分岐点になった。ミランの戦術はすぐに多くのチームが模倣することになる。規則的な守備戦術なので、タネがわかれば模倣することはできた。もちろん、本家のミランほど人材が揃っていないチームがほとんどだったので結果的に劣化コピーが氾濫する様相となっている。ミラン式の戦法が世界的に拡大していった90年代は、ある意味フットボールの暗黒時代だった。

プレッシングのブームも終焉していた21世紀、かつてのミランを思わせる規律と強烈なインテンシティのチームが現れた。アトレティコ・マドリーだ。

ディエゴ・シメオネ監督のアトレティコは、レアル・マドリーとバルセロナが支配するリーガ・エスパニョーラを二強から三強時代に突入させた。補強資金、クラブの規模、選手の質でレアル、バルサに太刀打ちできない他のクラブの現実的な目標は3位だった。二強を上回るのは無理なので、小さなレアル（バルサ）になることが目標だった。ところが、シメオネ監督は二強に対して敢然と挑んでいく。レアル、バルサに勝つには同じようなフットボールでは無理。シメオネは全く違うチームを作って、二強を脅かす存在へアトレティコを押し上げている。

シメオネのアトレティコは、4－4－2をベースとしてコンパクトな守備ブロックを整備した。かつてミランが旋風を起こしたプレッシングの21世紀バージョンである。

シメオネは2トップも明確に守備組織に組み入れている。自分の背後にボールが出てしまったら守備は終わりだったそれまでのFWと違い、アトレティコの2トップはさらにMFのライン近くまで戻って相手の横パスを制限する。FWの守備負担は増大するが、それをやったことでアトレティコの守備力はレアル、バルサの攻撃力を打ち消すレベルに到達することができた。メッシやロナウドにはできない、あるいはさせられないことを、シメオネ監督はFWに課したのだ。

シーズン40～50得点するメッシとロナウドは例外である。これぐらい点をとってくれれば、彼らの守備負担は軽減してもお釣りがくる。スーパーゴールゲッターを守備で消耗させて、肝心のゴール前に間に合わないようでは元も子もない。それはバルサ、レアルの強力なアドバンテージだ。ただ、それゆえにアトレティコのような強固な守備力は手にすることができないともいえる。そもそもアトレティコは堅守速攻のための編成なので、攻撃力よりも守備力のある選手、戦える選手でチームを構成している。二強とは全く違う考え方でチームを作っていて、レアルやバルサのようにはなれないし、なる気もない。二強に対抗するためのチーム作りである。

アトレティコは二強に次ぐ予算規模のクラブだ。その気になればレアル、バルサと似た三番手のチームは作れるかもしれないが、その資金を使ってレアルやバルサが狙わない、違う能力の選手を集めた。コケ、ガビ、サウールなど、どこまでも走りきれる運動量と献身性を持つ、戦闘力の高いプレーヤーたちだ。彼らは技術も高く、その気になればポゼッションもできるだろう。ただ、打倒二強の看板を外さないアトレティコでそれは求められていないだけだ。

敵陣でのハイプレス、中盤でゾーンの網を張る10人ブロック、さらにペナルティーエリア外まで引く撤退守備。アトレティコは三段構えの守備を適時に切り替える。ハイプレスは比較的早めに諦める傾向はあるが、相手がボールをDFまで下げれば中盤ブロックからハイプレスに切り替えるなど、状況に応じて3つの守り方を瞬時に切り替えていく。オリジナルのミランはハイラインとハイプレスが主体だったが、アトレティコはその後のゾーンディフェンスの経緯を踏まえて、コンパクトなブロックを適時に移動させる。

リーガ・エスパニョーラを獲った13－14シーズンはCL初制覇のチャンスだった。だが、自分たちの戦術をコピーされたアンチェロッティ監督のレアルに敗れた。15－16も決勝でレアルと対戦、こちらはボールを持たされてレアルのペースに引きずり込まれ、ＰＫ戦の末に優勝を逃している。

堅守速攻に特化したアトレティコの弱点は、相手に引かれてしまうことだった。これはこの手の戦法でのし上がったチームにほぼ共通してみられる悩みでもある。たいていは、どこかで大幅な補強を行って弱者の戦法から強者の戦法へ切り替えを図る。堅守速攻で成り上がるにしたがって、自分たちより格下の相手が増えていくので、どうしても相手に引かれてしまう試合が多くなるからだ。ただし、それまでと正反対の戦い方になるので上手くいかないこともまた多い。

アトレティコの場合は、リーガ・エスパニョーラ自体が攻撃型のチームが多いためにその苦労は少なかったかもしれない。ただ、引かれてしまったときの打開策が必要なのは明白だった。伝家の宝刀としてセットプレーからのディエゴ・ゴディンのヘディングはあるが、それだけでは足りない。シメオネ監督は試行錯誤の末、ワンサイドアタックを極めることにしたようだ。

もともとアトレティコはサイドチェンジをほとんど使わない。どちらかのサイドへボールが行ったら、そのままサイドを変えずに攻める。これはアルゼンチンの伝統でもある。中央でボールを失ったらまともにカウンターを食うが、サイドならばその危険は少ないからだ。アトレティコはワンサイドを攻め、そこに人数も集める。ＳＢ、ＭＦ、ＦＷが入れ替わりながら、ワンタッチパスを連続させて執拗にサイドからの突破を試みる。そうすると相手も集まってくる。狭いサイドを突破するのは簡単ではないが、敵味方で密集しているのでボールを失っても即座にプレスをかけやすい。ワンサイドを攻め、失ってもすぐにプレスして奪い返し、あるいはセカンドボールを拾って二次攻撃を仕掛ける。密集地を突破できれば、中央部や逆サイドはそのぶん開いているので、ラストパスの視界は開けている。

アトレティコはワンサイドアタックを極め、強みのインテンシティ、運動量、パスワークをすべてそこへつぎ込むことで活路を拓こうとしている。

アトレティコと似たアプローチで16－17シーズンの話題になったのがブンデスリーガで2位に躍進したRBライプツィヒだ。2部から昇格して、いきなりの2位。一時は首位に立つ勢いだった。ライプツィヒを率いるのはラルフ・ハーゼンヒュットル監督だが、むしろラルフ・ラングニックのチームといっていいだろう。

ライプツィヒはアトレティコと同じく、攻撃時にわざと密集地帯を作る。全体がピッチの左右どちらか半分に入ってしまうほどで、理由はやはり切り替わったときの守備がやりやすいからだ。攻撃のセオリーはフィールドを広く使うことだが、守備のセオリーは逆に陣形を狭めたほうが有利になる。ライプツィヒは若くて運動量があり、スピードに恵まれた人材を集め、インテンシティの高い局地戦のバトルでアドバンテージを得ようとしている。この戦術とリクルートは規定路線で、作ったのはスポーツディレクターのラングニックなのだ。

ラングニックはサッキ監督が率いたミランの信奉者だったという。あの時期の多くの指導者がそうだったように、ラングニックもミランの戦術を分析し研究した。ただ、ラングニックはその後も一貫してプレッシングの研究を続け、独自のアプローチで先鋭化させていった。ブンデスリーガのクラブを歴任してきた監督としてのラングニックには、さほど華々しい戦績がない。シャルケ04時代にDFBポカール（ドイツカップ）に優勝しているが、ほとんど勝率は50パーセントを越えていない。例外はシャルケと15－16シーズンにスポーツディレクター兼任で監督をやったライプツィヒである。だが、ラングニックの理論は次世代に受け継がれ、ラングニック派ともいうべき新しい流れを作っている。

ボルシア・ドルトムントを率いたトマス・トゥヘル、彼の前任者だったユルゲン・クロップ、ラングニックがスポーツディレクターを務めていたときのオーストリア・ザルツブルクの監督だったロジャー・シュミットなどだ。

トータルフットボールの本流であるバルセロナなどは、ポゼッションをプレッシングに転換させて勝利の方程式としているが、ラングニック派はプレッシング自体が目的なのでポゼッションにはあまりこだわりがない。大雑把にいえば、敵陣でプレスできればいいので丁寧に何本もパスをつなぐ必要はないわけだ。縦に早く展開し、失ったとしてもそこでのプレッシングこそ本領。ポゼッションはおまけみたいなものなのだ。

パスワークとプレッシングがトータルフットボールの2本柱とするなら、ラングニックの戦法はプレッシングだけが突出した、トータルフットボールから枝分かれした支流だ。しかし、最高のフットボールをする最高のチームになることしか興味がないクラブは希である。通常それだけの条件が揃わなければトータルフットボールなど高嶺の花だ。要はビッグクラブだけに許される贅沢かもしれない。その点で、ラングニックやシメオネはトータルフットボールの支流かもしれないが、数の上では圧倒的に大きな流れになりうる。強者を倒すための戦法は、いつだって需要が大きいのだ。

ビエルサ一派のロマン

パスワークで相手を圧倒し、押し込み、前線からのプレッシングで早期にボールを奪回して攻め続ける…強大な戦力を持つチームだけに許されたトータルフットボールの流れを汲む戦術だが、そこまで強大でもないチームがこれを試みる例もある。

その中心にいるのが〝ビエルサ派〟ともいうべき監督たちだ。16－17シーズンではホルヘ・サンパオリ（セビージャ）、エドゥアルド・ベリッソ（セルタ）、マウリシオ・ポチェッティーノ（トッテナム）といったアルゼンチン人指導者である。

彼らの師匠であるマルセロ・ビエルサも17－18シーズンからフランスのリルの監督に就任する予定だ。かつてニューウェルスで指揮を執ったビエルサは、アルゼンチン代表監督やチリ代表監督を務め、クラブチームではニューウェルスのほかエスパニョール、アスレティク・ビルバオ、マルセイユを率いた。70年代のオランダのフットボール、90年代のアヤックスに影響を受け、独自のトレーニング方法でトータルフットボールの再生を図った人物である。

ベリッソはチリ代表のときのアシスタントコーチ、ポチェッティーノはアルゼンチン代表で監督と選手の関係だった。サンパオリはニューウェルスのコーチだったが、ビエルサと直接の関係はない。ただ、本人がビエルサの信奉者であると明言している。

ビエルサのフットボールは基本的にはバルセロナなどのトータルフットボール本流と同じだ。ただし、バルセロナ、アヤックス、バイエルン・ミュンヘンと違って難しい条件でそれを行っている。ビエルサの率いたチームは、アルゼンチン代表を除けばトップクラスのチームではない。中位よりは上ではあっても、最強クラスではなかった。サンパオリ、ベリッソ、ポチェッティーノにも同じことがいえる。

ビエルサはニューウェルスのアルゼンチンリーグ優勝を除くと、クラブチームでの優勝経験はない。16－17シーズンもサンパオリ監督が率いたセビージャ、ポチェッティーノ監督のトッテナムも惜しいところまではいったが、やはり優勝には手が届かなかった。ただ、彼らのフットボールはファンの熱烈な支持を得てきた。その点ではバルセロナやレアル・マドリーよりも成功しているといえるかもしれない。

ビエルサ派の特徴は、強い相手に強いことだ。

サンパオリ監督のセビージャは、バルセロナやレアル・マドリーに対しても一歩も引かずに戦って好勝負を演じた。ベリッソ監督のセルタは2シーズン連続でバルセロナにホームで大勝している。いつも勝てるわけではないが、果敢にプレッシングを仕掛け、相手のプレスをパスワークで外そうと試みる。結果的にタレントの差で打ち負けることもあるが、戦力差を感じさせない試合は多い。

ビエルサ派のプレーで目を引くのは運動量の多さである。この点では本流チームよりも勝っている。

苛烈なほどのプレッシングは、格上と戦うときの最大の武器だ。例えば、バルセロナは大半の相手が引いてしまうので、通常は楽な試合運びができる。得点のとりにくさはあっても、敵陣まではさほどのプレッシャーもなくボールを運んでいける。ところが、セビージャやセルタとの試合では、ビルドアップの段階から戦いが始まるので体力的に消耗の激しいゲームは避けられない。前線からのプレスを外してしまえば一気にカウンターのチャンスにもなるが、ビエルサ派は前線プレスが外されたときの帰陣が早い。この運動量と機動力はビエルサ派が格上を倒すうえで欠かせない要素であり、選手たちには過酷なほどの運動量と献身性が求められている。自分たちは決して楽な試合にならないかわりに、格上の相手にも楽はさせない。格上のコンディションが万全でないときは、ビエルサ派のテンポに巻き込まれて分解されてしまうこともある。ときに、ビエルサ派のチームは格上の相手を圧倒して勝ってしまうのだ。

2014年ブラジルワールドカップでは、サンパオリ監督の率いるチリがスペインを分解して勝利し、15年コパ・アメリカではアルゼンチンを相手に執拗に食らいついてPK戦で勝利、初優勝を飾っている。どちらも運動量とデュエルの強さが印象的だった。

プレッシングだけでなく、パスワークでもビエルサ派は優れている。

ただ、ボールポゼッション自体にはさほど固執していない。スペースがあれば素早くフィニッシュへ持ち込もうとする。ボールの受け方とポジションチェンジにオートマティズムを叩き込んでいるので、攻め込める条件があれば半ば機械的にフィニッシュへ向かう。スター揃いというほどでもないチームがトータルフットボールを実現するために、パスワークのディテールを分析し、トレーニングに落とし込んでいるところはビエルサ監督の真骨頂であり、ビエルサ派の共通点だろう。いわばカボチャを馬車に仕立てる魔法が使えるのだ。

半面、オートマティズムが効きすぎて、対策をされるとそれ以上の意外性を出せないのがビエルサ監督の弱点だった。しかし、その点は同じ派閥でもサンパオリ監督はチリで天才肌のホルへ・バルディビアを使い、セビージャでもサミル・ナスリに攻撃のタクトを預けて師匠の轍を踏んでいない。

セビージャはスペインのチームらしく、攻撃時にはサイドへ選手が散開して〝ロンド〟（パス回しのトレーニング）の外枠をしっかり作る。通常、ロンドの輪の中に入る人数は3人だが、セビージャの場合は主にスティーブン・エンゾンジとナスリの2人だけが輪の中にいる。パスワークにおいて最も信頼できる2人に全権委任している格好だ。このあたりの個を信頼した大胆な手法は師匠のビエルサを凌駕している部分かもしれない。ビエルサの場合、インスピレーションはあるが守備面であてにならない天才肌の選手をあまり使いたがらない傾向があった。ポチェッティーノ、ベリッソもこのへんのバランス感覚はそれぞれだ。

ともあれ、常に全力を尽くし、強敵にも決して怯まずに果敢に攻撃を仕掛けていくプレースタイルはファンの感動を呼ぶ。たとえ敗れても、自らの信条と生き方を貫く強さが彼らのプレーに脈打っているからだ。ビエルサ派はトータルフットボールの本流ではなく傍流かもしれないが、強い者に挑んでいく姿勢とロマンティシズムでは本家を上回る魅力を発散しているかもしれない。

Chapter 2
伝道師

トータルフットボールの源流

1974年ワールドカップで準優勝したオランダは「トータルフットボール」の代表的なチームだった。オランダを率いていたリヌス・ミケルス監督は、もともとアヤックスでこの戦術を始めたトータルフットボールの父というべき人物だが、

「我々の前にはオーストリアのヴンダーチームがあった」

というコメントを残している。ヴンダー（奇跡の、驚異の）と呼ばれたオーストリア代表は1930年代に黄金時代を迎えた、当時世界最強チームの1つだ。最初にトータルフットボールをプレーしたともいわれている。

オーストリアはスコットランドのプレースタイルの影響を受けている。オーストリア代表監督を長年務めたヒューゴ・マイスルが英国人コーチ、ジミー・ホーガンを招聘したのが始まりだ。ホーガンはイングランド人だが、スコットランド式のショートパス戦法をオーストリアに教えた。オーストリアだけでなく、ハンガリー、ドイツ、スイス、オランダでも指導し、大きな影響を与えたコーチである。

フットボールにおける戦術の始まりは、1871年のクイーンズ・パークといわれている。

この年から開催されたFAカップで披露したクイーンズ・パークのプレーが、ショートパス戦法の始まりだったからだ。クイーンズ・パークはスコットランドから遠征して参戦した唯一のクラブで、準決勝にシードされてロンドンの強豪ワンダラーズと対戦して0-0で引き分けている。しかし、再試合のために再びロンドンを訪れる資金が足りず、クイーンズ・パークは棄権、不戦勝したワンダラーズが決勝も勝利して栄えあるFAカップ初代王者となった。

同年の11月30日、最初の国際試合であるスコットランド対イングランドが行われている。こちらも0-0の引き分けに終わっているが、この試合はスコットランドにフットボールブームを巻き起こし、すぐにスコットランド協会が設立された。イングランドを迎えて初の国際試合を開催した時点で協会はまだ存在しておらず、クイーンズ・パークの11人によって編成され、そのときの紺色のジャージがスコットランド代表の色として定着している。クイーンズ・パークは体格の小さな選手が多かったようで、その不利を克服するために素早いショートパスを使った攻撃を編み出したそうだ。クイーンズ・パーク流ショートパス戦法はイングランドに対して効果を発揮し、72～82年までの10年間に行われたイングランド戦の戦績は7勝2分2敗とスコットランドが圧倒している。

ショートパス戦法出現以前のフットボールに戦術と呼べそうなものはなかったようだ。何しろパスは「男らしくない」という理由で敬遠されていて、ドリブルで行けるところまでボールを運ぶか、ロングキックを蹴ってボールを追っていくかというプレーぶり。ドリブルする味方の後方支援をする「バックアップ」が戦術といえば戦術だったようである。

1863年にFA（フットボール・アソシエーション＝イングランド協会）が設立され、それまでまちまちだったルールの統一がはかられていくのだが、最大の争点はハッキングを認めるかどうかだった。ハッキングとは相手の足を蹴って撃退する行為だ。もう一度書くが、攻め込んでくる相手選手に対して足（主に脛）を蹴って侵入を防ぐ行為を合法とするかどうかで揉めに揉めた。ハッキング賛成派の意見は、ハッキングを禁止すれば「男らしさがなくなる」であり、容認派の筆頭だったブラックヒース・クラブのフランシス・キャンベル代表は、「ハッキングが禁止されるなら、〝フランス野郎〟を連れてきてぶん殴ってやる」と会議で演説し、喝采と嘲笑の両方が沸き起こったという。この発言の意味はよくわからないものの、フットボールは「男らしさ」を誇る競技であり、ハッキングの禁止など話にならんという意見が厳然としてあったということだ。結局、投票の結果ハッキングは禁止となり、それを不満として脱会したメンバーがやがて1871年にラグビー協会を設立することになる。

フットボールの起源は古代中国に遡る。やがてヨーロッパに伝わると、市街戦のようなものとして一般化した。外交官トーマス・エリオットは1531年に「獣のように凄まじく、猛烈に乱暴なもの以外のなにものでもない」と記している。英国ではたびたび禁止令が発布された。

1865年、米国の南北戦争当時に行われたフットボールを描いた絵があるが、集団暴動にしか見えない。男たちが押し合いへし合いしながら、拳を振り回し、あるいは蹴りを入れている絵図なのだ。FAのルールが届いたのが10年後だったからだろう。

フットボールの原型は非常に荒々しいものだった。FAがハッキングとハンドリングを禁止し、ゴールキック、スローイン、オフサイドなどの今日に通ずるルールを規定していっても、フットボールが依然として肉弾戦ありきの体力任せだったことは想像に難くない。その中で、ショートパスを使った技術と頭脳を駆使する戦い方は異端だったに違いない。

クラブチームのコンペティションであるFAカップは、南部のパブリックスクール、その出身者による〝ジェントルマン〟のチームが当初優勢だった。しかし、次第にイングランド北部のチームが台頭してくる。スコットランド人労働者の製粉工場のチーム（ダーウェン）が活躍し、ブラックバーン・ローバーズは8年間で5回優勝の快挙を達成。北部のチームには実質的なプロ選手が存在し、その多くはスコットランド人だった。FAはプロ選手の締め出しを行ったが、逆に有力クラブが相次いでFAカップを棄権する事態になり、1885年にはついにプロを公認している。公認しなければ北部はブリティッシュ・フットボール協会という新団体を立ち上げるところだったので、FAは分裂を回避するために譲歩したのだった。

プロ化されれば選手に給料を払わなければならない。FAカップだけでは試合数が足らないので、1888年にリーグ戦が開催されるようになる。プレースタイルも洗練されていった。時は19世紀の終わり、大英帝国の拡大とともにヨーロッパ各地に英国人街が出現している。オーストリアの首都ウィーンはその1つで、英国のガス会社が街灯を設置し家庭用のガス供給を行っていた。イタリアでも英国人によるフットボールクラブ設立が相次ぎ、ドイツや北欧、さらに南米にもフットボールは英国人によって広められていった。

フットボールは英国からもたらされたスポーツだから、指導者が英国人だったのは自然といえる。

有名な英国人指導者としては、アーセナルのプレーヤーでスコットランド代表だったジョン・ディックが1922年にチェコスロバキアのスパルタを指導している。やはりスコットランド代表のGKだったジョン・マッドンはスラビアの監督を30年以上務めた。ジミー・ホーガンが生まれ故郷のランカシャー州を出て、大陸へ渡ったのもそうした英国人指導者への需要があったからだ。

伝道師ジミー・ホーガン

数多くの英国人コーチの中で、ジミー・ホーガンがとりわけ有名なのは彼の蒔いた種が大きく結実したからだろう。ミケルスがトータルフットボールの先祖にあげた30年代のオーストリア、そして50年代に〝マジック・マジャール〟と呼ばれ、やはりトータルフットボールのプロトタイプともいえるハンガリーは、ともにホーガンの指導を礎に発展したチームなのだ。

ボルトンとフルハムでインサイドフォワードとしてプレーしたホーガンは、ボルトンとケンカ別れした後、友人の紹介でデンマークのクラブチームのコーチ職に就く。ウィーンに赴いたのは1912年だ。そこでウィーンFCを指導し、グラウンダーのショートパスとポジションを移動させながらのパスワークを仕込んだ。2年後に第一次世界大戦が勃発し、敵性国家から来ていたホーガンは収容所へ入れられてしまう。ヒューゴ・マイスルの尽力で釈放されたもののウィーンにはとどまれず、ブダペストへ向かった。英国人に対する扱いでハンガリーのほうがマシだったからだ。ハンガリーではMTKというクラブを指導し、こちらは後にマジック・マジャールに結実することになった。1953年、ハンガリーはウェンブレースタジアムでイングランドを破った初の大陸チームになるのだが、6–3の勝利の後にハンガリー協会のシャンドール・バルクス会長はこう述べている。

「フットボールについて我々が知っているすべてのことを教えてくれたのはジミー・ホーガンだった」

ホーガンの指導法として語り継がれているもので印象的なのは、自分に向かって力一杯ボールを蹴らせるというものだ。そのボールをホーガンがピタリと止めてみせるというデモンストレーションである。

ボールをコントロールすること――これこそがスコットランド式フットボールの肝であり、トータルフットボールの出発点といえる。

フットボールを肉弾戦からボールゲームに変える、ボールに焦点を当ててゲームを組み立てる、ボールを支配することでゲームを支配する、その第一歩がボールコントロールだからだ。

ホーガンの逸話で思い出すのは、日本でも有名なデットマール・クラマーのデモンストレーションだ。クラマーは右手にボールを持ち、自分の左足へ向けて力一杯ボールを投げつける。しかし、ボールは左足に当たるとピタリと止まるのだ。クラマーはそれを何度も繰り返し見せた。クラマーの左足は地面との間に一定の角度が保たれていて、そこへ投げつけられるボールに対して、ちょうど左足のインサイドが屋根をかけているような形になっていた。要は、ボールが地面と足の間に挟まってしまうようにインサイドの角度を保っていた。だから、いくら力強くボールを投げつけたところで、足と地面の間に挟まるのでピタリと止まる。ちょっと見るとマジックみたいだが、実はたんに物理の問題でありクラマーでなくても誰でもできる。そして、タネがわかれば誰でもできると気づかせることにデモンストレーションの意味があったわけだ。

ホーガンのデモンストレーションもおそらく同じだろう。ボールにはその運動をオフにする〝スイッチ〟が付いている。グラウンダーのボールなら、中心より上の1点を触ればボールの勢いはピタリと止まる。これもマジックでも何でもない物理の話だ。ボールという物体を扱うための原理を理解させる、そのためのデモンストレーションに違いない。

ボールを思う場所に一発で置けるなら、次の瞬間にはキックできる。止めて、蹴る。そこに無駄がないことが、最速のパスワークにつながる。止め損なえば、すぐにパスは出せない。すぐに蹴り出せる場所にピタリと置くから即時にパスが出せる。ボール1個分止め損なえば、それだけ時間はロスする。常に最速の止める蹴るを行う必要はないが、最速でパスのやりとりができるという前提が重要なのだ。

ピタリと止められれば顔が上がる。味方は、その瞬間にマークを外していればいい。逆にいえば、それ以前にいくらマークを外していてもパスは来ない。再びマークされてしまうだけだ。つまり、パスワークではタイミングが非常に重要なファクターになる。パスの出し手と受け手でタイミングを共有すること。それは、パスがつながっていく条件になるわけだ。

ボールを静止させるために、どの一点を触るか。パスの受け手と出し手のタイミングを合わせる一瞬はいつか。タイミングの共有からパスワークは始まる。このアプローチは、大きく蹴って走れ式のイングランド流ロングパス・スタイルとは比較にならない精密さを要求される。

技術から考えるか、体力からか。着目しているものの違いによって、プレー全体が同じスポーツとは思えないぐらい違ってくる。その違いの根本がボールコントロールであり、とくにボールを止める技術である。

ホーガンが大陸に渡った1910年代から、早くもイングランドでは技術的後退への警鐘が鳴らされていた。19世紀から続いている専門誌『アスレティック・ニューズ・フットボール・アニュアル』の編集長イバン・シャープは、

「ヨーロッパ大陸の選手たちは適切な指導を受けているが我々はそうではない。適切な指導を受けるまで、我々はボールをコントロールするハイクラスのフットボールをプレーできないだろう」

と指摘した。23年にはジェームズ・キャットン元編集長が、さらに強い調子で技術の向上を訴えている。

「イングランドが優位性を保持するには、すべての選手がもっとアタマを使わなければならない。ボールコントロール能力を身につけ、インサイドでもアウトサイドでもボールを扱えるようにならなければならない。選手たちが落ち込んでいる轍から抜け出せないならば、大英帝国はその名声を失うだろう。私をペシミストと呼びたければ呼べ。笑いたければ笑え。だが真実はいつも勝つのであり、私の言うことが真実だ」

イングランドは依然として世界の最強国だった。国際試合で大陸のチームに負けたのは25年のスペイン戦が最初だ。スペインの伝説的GKリカルド・サモラのファインプレーもあってスペインがマドリードで4-3と勝利している。しかし、31年にイングランドはスペインをホームに迎えて7-1とリベンジを果たす。ただし、イングランド国内でのゲームはルールが違っているという事実からイングランドの人々は目をそむけていた。ドリブラーの背後から足を蹴ること、GKにチャージすること、これらはイングランド以外ではファウル以外の何ものでもないのだが、イングランドのホームゲームではすべて合法とされていた。第二次大戦前の10年間でイングランドはスペインのほかにもオーストリア、ベルギー、フランスにも敗れているがすべて遠征試合だ。ホームでは不敗だった。そのため、イングランドは無敵だと英国人は思っていたわけだが、技術的にはすでに大陸勢に追い越されていたのだろう。

ジミー・ホーガンなど英国からヨーロッパ各国へ伝道の旅に出た人々の指導は、20年間で確実に実を結んでいたわけだ。

ヴンダーチーム

オーストリアは31年4月から32年12月まで14戦無敗だった。ドイツに5-0、6-0で勝利し、当時の強豪だったハンガリーにも8-2、スイスに8-1、ヨーロッパ選手権の前身である中央ヨーロッパカップではイタリアを破って優勝。当時、大陸のチームには無敗だったスコットランドを5-0と大破して「ヴンダーチーム」と呼ばれるようになる。イングランドにはロンドンで対戦して敗れたものの3-4の接戦。1934年にイタリアで開催された第2回ワールドカップでは優勝候補と目されていた。

エースはキャプテンでCFのマティアス・シンデラー。〝紙の男〟という変わったニックネームは細身の体型と相手守備者の間をすり抜けていくプレースタイルに由来している。43試合に出場して26得点しているが、この数字だけではシンデラーの真価はよくわからない。卓越したボールコントロールと試合を読むセンス、意外性のあるプレーで〝違い〟を作れるプレーヤーだったようで、体型とプレースタイルは後のヨハン・クライフに似ていたかもしれない。CFでありながら自由に動いてチャンスメークをするタイプだった。

シンデラーが引くと、入れ替わりに飛び出してくるのがインサイドライトのヨーゼフ・ビカン【図1】。生涯5000ゴールを決めたといわれる伝説的なストライカーである。公式戦で確認できるのは839ゴールだが、それ以外を合わせると5000点は超えていたのではないかという説があるのだ。公式戦の得点数を比較すれば、ペレやロマーリオを超えているので、5000点はともかく1000点は軽く超えていただろう。全盛期のスラビア・プラハでは

図1　ヴンダーチームのフォーメーション

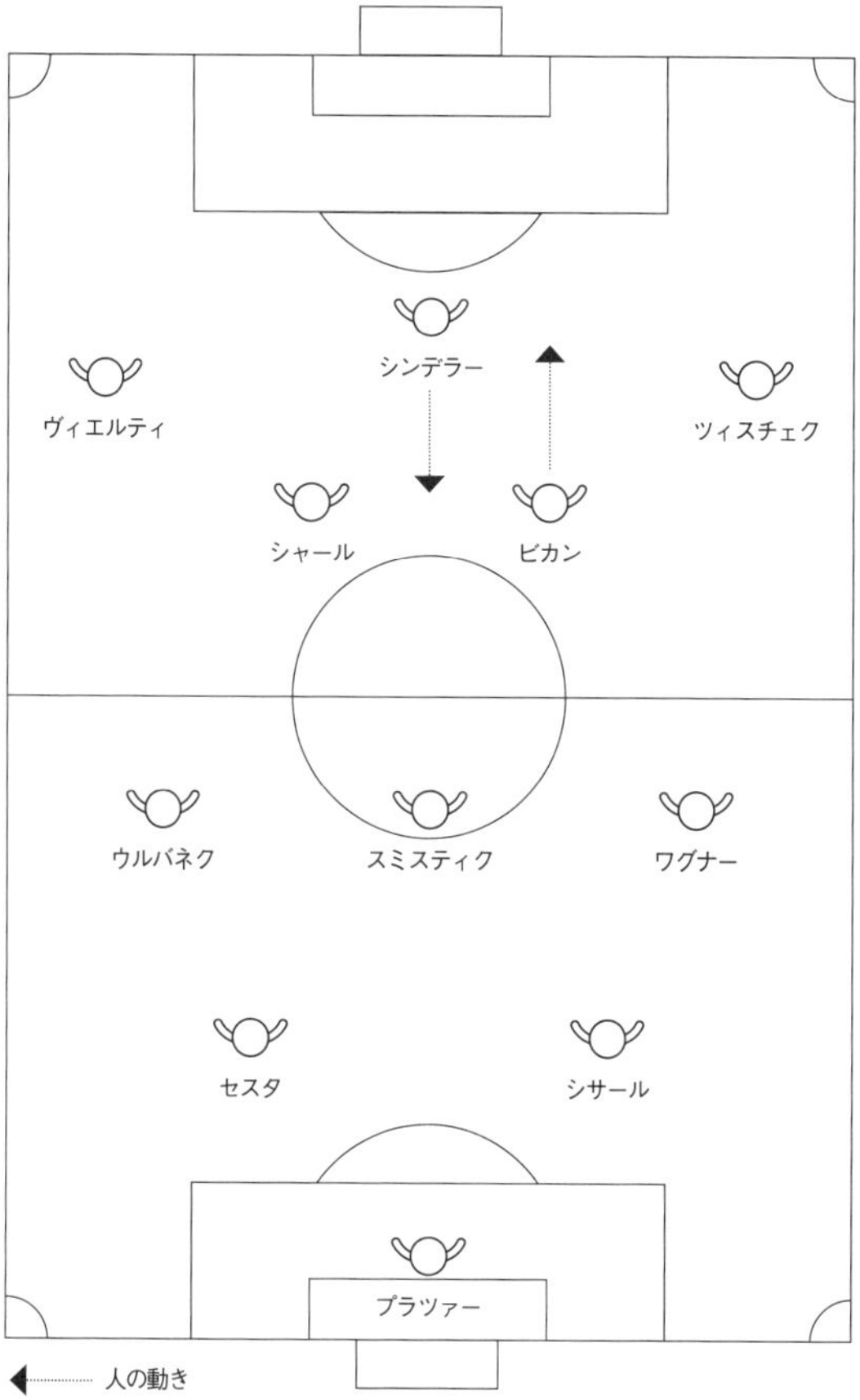

217試合で395得点。1シーズンのハイアベレージは24試合57得点、27年のキャリアで12回も得点王を獲っている。39〜44年の5年間はずっとヨーロッパの最多得点者だった。1試合7ゴールを少なくとも3回記録している。100メートル走のタイムは10秒8、スプリンター並のスピードである。ただ、ビカンがオーストリア代表の一員だったのは36年までで、37年にはチェコスロバキアのスラビア・プラハへの移籍の際に国籍を取得してチェコスロバキア代表選手になった。

ヴンダーチームのフォーメーションはジミー・ホーガンが仕込んだ2−3−5の2バックシステムを継続している。当時の映像がほとんどないので、どのようなプレーぶりだったかは想像の域を出ないわけだが、ショートパスをつないでいく美しいフットボールだったといわれている。

ヴンダーチームの全盛期は短かった。

34年ワールドカップは準決勝で開催国のイタリアに敗れ、3位決定戦もドイツに負け、結局は4位に終わった。しかし、イタリアとの準決勝で主審を務めたイヴァン・エクリンドはイタリアに買収されていたことを後に証言している。このときのイタリアはベニート・ムッソリーニの独裁政権なのだ。決勝点となった19分のエンリケ・グアイタのゴールは、GKの捕球後にジュゼッペ・メアッツァが体当たりし、そのこぼれ球にグアイタが突っ込んで押し込んだもの。

このシーンの映像を見る限り、グアイタがシュートしたときにはすでにボールはゴールラインを越えていたように見えるが、そもそもメアッツァのGKへの体当たりが現在の基準ならファウルである。ただ、当時はGKへの体当たりなどもある程度は許容されていたようなので、34年時点で明確にファウルなのかどうかはわからない。だが、主審自らが買収を暴露していて、オーストリアのクロスボールを主審がヘディングでクリアした（！）という話もあり、仕組まれた試合だった疑いは濃厚だ。

4年後の38年フランス大会にオーストリアは出場していない。予選は突破しているのだが、国自体がドイツに併合されてしまったのだ。ゼップ・ヘルベルガー監督の下、ドイツ代表としてプレーしたオーストリア人も多かったが、少なくとも2人のキープレーヤーが参加していない。

シンデラーは高齢（35歳）や負傷を理由に招集を断り続けた。38年4月、ワールドカップを前に行われたドイツ戦が最後の試合だった。シンデラーは赤と白のカラーリングのユニフォームでドイツ戦に臨むことを提案したという。オーストリアは白のジャージに黒のパンツなのだが、あえて国旗の色に変えた。この親善試合はいわばワールドカップに参戦する〝合同チーム〟の選考会という色合いを帯びていて、引き分けかナチスの顔を立ててドイツの勝利になると予想されていた。しかし、シンデラーの得点を含む2−0でオーストリアが勝利した。

39年1月23日、シンデラーはウィーンのアパートで遺体として発見される。恋人カミーラ・カスタニョーラとともに一酸化炭素中毒による死亡と発表された。自殺、他殺、事故と3つの可能性があり、はっきりしたことはわかっていない。政治的状況に絶望しての自殺説、ゲシュタポにマークされていたことからの他殺説、暖炉の不始末による事故説がある。

〝5000ゴールの男〟ヨーゼフ・ビカンも離脱組だった。ナチスへの協力を拒否、38年ワールドカップのときにはすでにチェコスロバキア代表である（手続きの問題でワールドカップには出場していない）。ビカンはドイツの招集を拒否したが、プラハでも共産党への協力要請に応じていない。全体主義も共産主義もNOだったようだ。共産党とはその後もトラブルがあり、チェコスロバキアでは資産を没収されて1人の労働者として働かされていた。一部の資産と名誉が回復するのは1989年に共産党体制が崩壊した後である。

シンデラーとビカン、2人の傑出したプレーヤーの悲劇はチーム自体が消滅してしまったヴンダーチームを象徴しているようにも思える。ちなみに50年代のスーパーチーム、ハンガリーも政治状況によって消滅することになる。70年代のオランダ、80年代のブラジル、いずれも素晴らしいパフォーマンスを披露しながら、どのチームもワールドカップで優勝できていないのも不思議で、そのことから「ベストチームはワールドカップで優勝できない」は半ば定説化していたものだ。

アヤックスとジャック・レイノルズ

トータルフットボールの発祥がオランダ、アヤックス・アムステルダムとすれば、その源流にはやはり伝道師がいる。英国人ジャック・レイノルズがアヤックスの監督になったのは1915年だった。

当初はドイツ代表監督になる予定だったらしい。ところが第一次世界大戦が始まって予定変更となり、オランダへ行くことに。レイノルズが来たときのアヤックスはまだ弱小クラブにすぎなかった。しかし、レイノルズは8回のリーグ優勝と1回のカップ優勝をもたらして、アヤックスをオランダのトップクラブに押し上げた。トータルフットボールの基礎を築いたといわれる所以である。

レイノルズはアヤックスの監督を計3回務めている。最初は15〜25年、この間に最初のリーグ優勝（18年）に続いて連覇を達成した。二度目は28〜40年、5回のリーグタイトルを獲得している。三度目は45〜47年と比較的短期間だったが47年はリーグ優勝で有終の美を飾った。

レイノルズのトレーニングやユース育成方法は、現在のプログラムの基礎になるほどしっかりしたものだったそうだ。レイノルズの前任者も英国人でジャック・キーワンというアイルランド生まれの指導者だった。キーワンはアヤックス初代プロ監督なのだが、アイルランドではゲーリック・フットボールの選手だった。フットボールに転身してからエバートン、トッテナム、チェルシーでプレーした。ゲーリック・フットボールはアイルランドの国技でフットボールの原型に近いといわれている。

リヌス・ミケルスが監督に就任するのは65年、前任者は英国人のビク・バッキンガムだ。ちなみにミケルスは71年にバルセロナの監督になるのだが、そのときも前任者はバッキンガムである。70年代以前のアヤックスの監督は圧倒的に英国人が多い。バルセロナもまた、初代監督はジャック・グリーウェルで英国人。ヨーロッパにクラブが設立された時期の指導者はだいたい英国人だったので珍しいことではないのだが。

さて、ここでアヤックスを起点とするトータルフットボールの流れを俯瞰してみたい。最初はジャック・レイノルズ、その黄金時代を引き継いで理論的にパスワークとプレッシングを組み合わせてトータルフットボールに昇華させたのがリヌス・ミケルスで、これがだいたい70年代になる。ミケルス自身はバルセロナの監督を務め、そのときにアヤックスと同じ戦術を採っていたがバルセロナでは開花したとは言い難い。むしろ、アヤックスとバルセロナでミケルスの教え子だったヨハン・クライフが、バルセロナでトータルフットボールを結実させている。クライフ監督の「ドリームチーム」が90年代だ。

ドリームチームの中心選手の1人だったジョゼップ・グアルディオラがバルセロナの監督に就任するのは2008年、クライフの構想をリメイクした形で史上最強のバルセロナを創出させた。その後、グアルディオラはバイエルン・ミュンヘンの監督に就任してブンデスリーガ3連覇を達成、2016年からマンチェスター・シティの指揮を執っている。

偶然の一致だろうが、レイノルズはシティの選手だった。1試合も記録はないが所属はしていたようだ。そうすると、トータルフットボールの火はマンチェスターからアムステルダム、バルセロナ、ミュンヘンを経て、元のマンチェスターへ戻ってきたといえなくもない。レイノルズ→ミケルス→クライフ→グアルディオラという100年に渡る壮大なリレーだ。

レイノルズがそうだったように、ミケルスもアヤックスからバルセロナ、1FCケルンと移動した伝道師で、クライフも監督として大きな足跡を残したのは母国オランダではなくスペインのバルセロナ。グアルディオラはバルセロナを出て、ミュンヘンを経てマンチェスターへ伝道の場を移している。この先も、誰かがどこかへ伝えていくのだろう。

このアヤックスから始まるトータルフットボールの本流とは別に、影響を受けたマルセロ・ビエルサ監督に始まる傍流もある。こちらの歴史はせいぜい20年だが、ホルヘ・サンパオリ、マウリシオ・ポチェッティーノ、エドゥアルド・ベリッソが後継者として活躍中だ。アヤックスの守備戦術をアレンジしたアリゴ・サッキ監督のACミランも、本流から分かれて大きな流れを作った。普及の度合いからいえば本流の何倍もの太い流れであり、現代の監督やチームでこの影響下にないものを探すのが難しいぐらいだ。この流れの最先端はラルフ・ラングニックらの〝ゲーゲンプレッシング〟派閥ということになる。

Chapter 3

ラ・マキナと
マジック・マジャール

ラ・マキナ

スコットランドで生まれ、スコットランド人を中心とする〝伝道師〟たちによってヨーロッパ、さらに南米へ伝播されたショートパス・スタイルのフットボールは、1930年代のオーストリア代表（ヴンダーチーム）という1つの傑作を生み出した。やがて、ハンガリーで50年代にマジック・マジャールが登場する。どちらもジミー・ホーガンの指導が原点になっていた。

ヴンダーチームの30年代、マジック・マジャールの50年代の間、つまり40年代にトータルフットボールの流れにつながる偉大なチームはヨーロッパにはない。

グランデ・トリノと呼ばれ、ほぼそのままイタリア代表だったトリノ、ワールドカップに出場していない無冠の帝王イングランド（FIFAと対立していた）の2チームがヨーロッパの強豪だったが、トータルフットボールにつながるチームではなかった。

40年代は第二次世界大戦の最中だ。ワールドカップも1942年と46年の2大会が中止されている。その中止されたワールドカップがもし開催されていたら、優勝候補筆頭はアルゼンチンだった。中心メンバーは「ラ・マキナ」と呼ばれたリーベル・プレートのプレーヤーである。

ラ・マキナを直訳すれば「機械」、高性能マシーンのごとくゴールを量産するプレーぶりから名付けられた。エル・グラフィコ誌のウルグアイ人記者による命名だそうだ。ラ・マキナは41年にアドルフォ・ペデルネーラがロベルト・ダレッサンドロからCFのポジションを奪いとったのに始まり、アルフレード・ディ・ステファノがペデルネーラからポジションを奪う47年までとされている。その間、リーベルは41、42年のアルゼンチンリーグを連覇し、45年も優勝。看板はムニョス、モレノ、ペデルネーラ、ラブルーナ、ロウスタウによる爆発的なアタックラインだった。

ラ・マキナはトータルフットボールへの流れの中に位置づけられるだろう。40年代のリーベルが、70年代のオランダに直接つながるわけではないのだが、プレースタイルの類似性が指摘されている。CFのペデルネーラは元祖ゼロトップだった。

ペデルネーラが中盤へ下がることで、空いたスペースを周囲の選手たちが使っていく、一種のローテーション・フットボールだったといわれている【図2】。後のオランダではゼロトップ型CFのヨハン・クライフが突出したエースだったが、ラ・マキナでのペデルネーラはそこまで比重が重くない。5人の中の1人といってもいいかもしれない。他の4人も強烈なアタッカーだった。

ワールドカップがフットボール史に大きな影響力があるのは改めて記すまでもないことだが、ラ・マキナを考えると、彼らの全盛期にワールドカップが開催されなかったのは残念としかい

図2　ラ・マキナのローテーション・フットボール

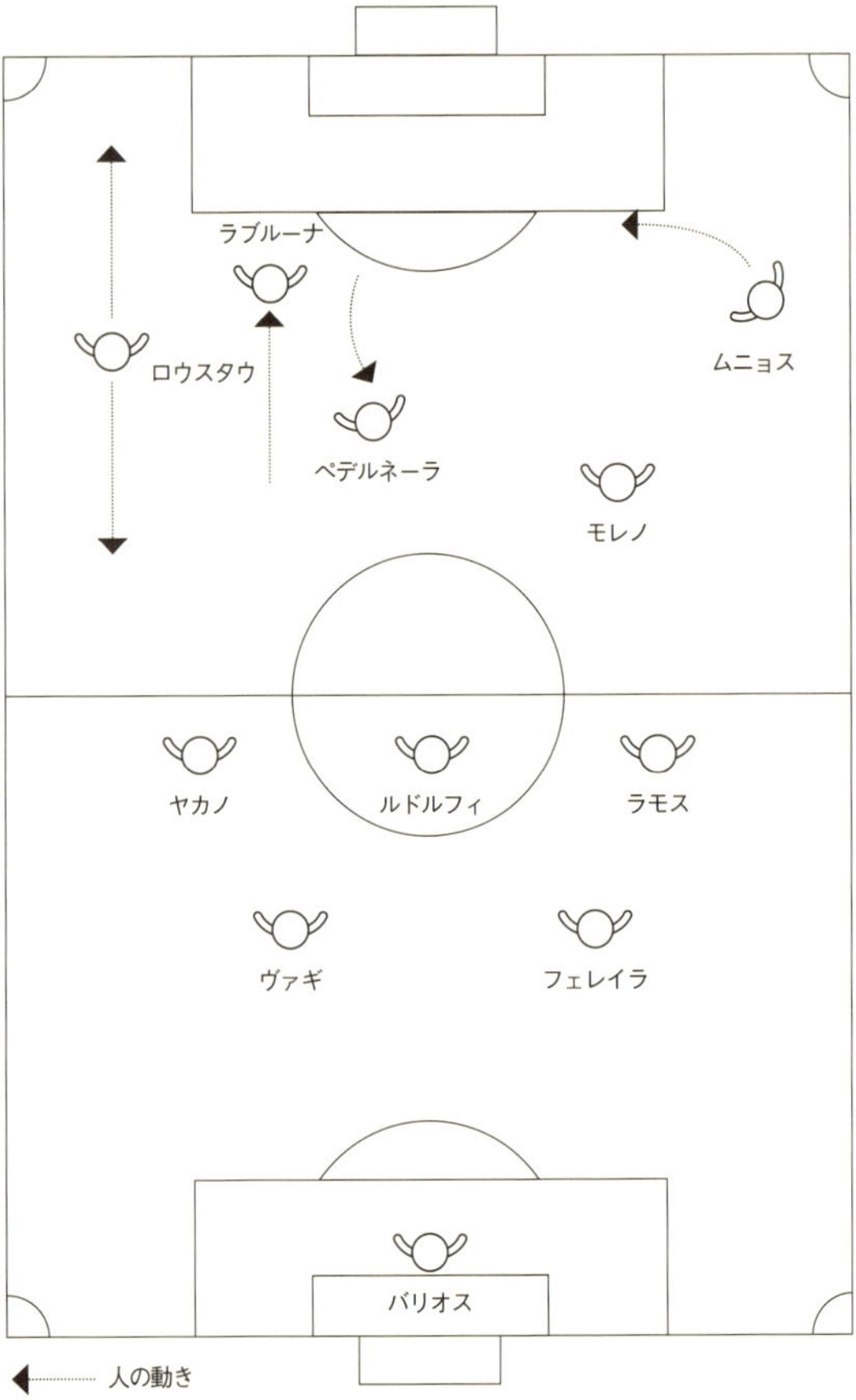

いようがない。例えば、ホセ・マヌエル・モレノは、1999年にIFFHS（国際サッカー歴史統計連盟）によってベストプレーヤー・ランキングの20位、南米5位に選出されていたにもかかわらず、その名はあまり知られていない。アルゼンチン協会が最も偉大なプレーヤーとしてディエゴ・マラドーナを選出したとき、当のマラドーナはこう言っている。

「大変名誉だけれども、モレノのような人よりも上に置かれるのは困惑する」

アンヘル・ラブルーナ、フェリックス・ロウスタウにも同じことがいえる。歴史にIFはないが、もし中止されたワールドカップの2大会をアルゼンチンが連覇していたら、いや1大会でも出場していたら、彼らの認知度と評価は今日とは比較にならないものになっていたかもしれない。

ラ・マキナはペデルネーラの退団で終了とされているのだが、ディ・ステファノにCFの座が受け継がれてからも強く、さらに50年代にはオマール・シボリやネストール・ロッシを中心に5回もリーグ優勝している。戦績としてはこちらのほうが上なのだが、印象としてはラ・マキナのほうが強烈だったのか、50年代のほうは〝ラ・マキニータ〟と呼ばれて小ぶりの機械扱いになっている。

ファルソ・ヌエベ（偽9番）の系譜

ここでラ・マキナを少し離れて、アドルフォ・ペデルネーラが元祖といわれるファルソ・ヌエベ（偽9番）について。

CFのプレーメーカー化は必然的に前線におけるポジションの流動化を促す。その意味で、全員攻撃全員守備のローテーションを特徴の1つとするトータルフットボールのトリガー機能になった。

ただ、フットボールが英国からヨーロッパ大陸へ伝えられた時点で、CFのタイプはやや異なっていたとも考えられる。英国では大柄で馬力のある戦車タイプが典型的なCFだったが、ヴンダーチームのマティアス・シンデラーは「紙男」なのだ。細身の技巧派であり、英国系とは全くタイプが違う。通算1329ゴール（1239点説もある）、ブラジル最初のスーパースターであるアルトゥール・フリーデンライヒもスマートな体躯のCFだった。こちらも〝ジョガ・ボニート〟（美しいプレー）の技巧派である。ペデルネーラが元祖というよりも、同じようなタイプのCFはすでにいたのだろう。ただ、そのころの守備は2バックであり、CFが後退する戦術的な効果を狙ったわけではない。

ペデルネーラの直接の後継者はアルフレード・ディ・ステファノだ。言わずと知れたフットボール史上最高クラスの巨人。ディ・ステファノはリーベルの右ウイングとしてデビューし、ウラカンに貸し出された後、リーベルに戻ってペデルネーラのポジションを奪いとった。ペデルネーラはもともとインナーであり、ディ・ステファノもウイングとオリジナルのポジションはCFではない。ディ・ステファノはペデルネーラがプレーイング・マネジャーを務めるコロンビアのミリョナリオスへ移籍し、さらにスペインのレアル・マドリーへ渡ってチャンピオンズカップ5連覇など、史上に大きな足跡を残すことになる。

ディ・ステファノが活躍したのとほぼ同時期には、マジック・マジャールと呼ばれたハンガリーでナンドール・ヒデクチが「偽9番」として有名だった。この系譜でディ・ステファノを継いだのが70年代にトータルフットボールの中心となったヨハン・クライフである。クライフは実際、「ディ・ステファノの再来」と新聞や雑誌で紹介されていた。70年ワールドカップで優勝したブラジルのCFトスタンも「偽9番」といえる。このあたりまでが、いわばナチュラルな「偽9番」だろう。

ファルソ・ヌエベをシステムとして消化させたのは、この役割の大立者だったクライフだ。クライフはバルセロナの監督に就任すると、ミカエル・ラウドルップやホセ・マリ・バケーロを「偽9番」として機能させている。これは、たまたまそれに見合ったプレーヤーがいたという理由ではなく、戦術的な理由でそのポジションに据えている。逆に、フリオ・サリナスやガリー・リネカーのような典型的な点取り屋タイプをウイングに起用しているのだ。クライフ監督のアイデアは、ＣＦを前向きにプレーさせることと、ＣＦが引いたことで空けたスペースを他のプレーヤーに使わせることにあった。

戦術的なポイントは、両ウイングをできるだけ高い位置に張らせること。ボールをキープして押し込む過程で、ウイングプレーヤーはタッチライン際になるべく高いポジションをとる。そうすることで対戦相手のディフェンスラインを規定できるからだ。例えば、ウイングが高いポジションをとらずにＣＦが引いた場合、つまり３トップが後退してしまえば、相手はディフェンスラインを上げてしまえば事足りる。ところが、ウイングが高い位置をキープした場合、相手ディフェンスはＣＦが引いてもラインを上げられない。ＳＢが残って、ＣＢだけが前に出れば中央はガラ空きになってしまう。

つまり、引いたＣＦがフリーになれる。もし、４バックのＣＢが引いていくＣＦをマークし続ければ、中央を守るＤＦは１人になる。そうなると、１人になったＣＢは両ＳＢとの間のスペースを１人でカバーしなければならない。明らかにカバーするスペースが大きくなりすぎる。だから、通常はＣＦが引いても中央のＣＢ２人は動かない。つまり、ウイングが高いポジションをキープすることで、相手のディフェンスラインの位置を固定できる。別の言い方をすると、

4バックのCB2人は誰もいないスペースを守っていることになる。

2人のウイングで4人のディフェンスラインを釘付けし、引いていくCFのぶん数的優位がラインの手前に発生する。また、ディフェンスラインが釘付けにされているので、その手前のスペースも確保できる。数的優位を生かしてより確実にボールを保持できるわけだ。

CBのマークから逃れたCFは、フリーでパスを受けて前向きにプレーできる機会を得やすくなる。そのときは、

「好きなようにやればいい」（クライフ）

ドリブルでシュートまで持っていってもいいし、味方と連係して崩しの軸になってもいい。好きなようにやれるだけの才覚を存分に発揮することを望んでいるので、この位置でそれが出来るプレーヤーを使っている。ラウドルップはうってつけのアタッカーだった。現役時代のクライフと似た資質を持ったプレーヤーである。

引いていくCFに相手のCBがついて来た場合は、前記のとおり中央のスペースが空くので、そこをウイングが斜めに入り込む、あるいはMFが侵入する。クライフ監督が率いたバルセロナでは、最後尾のロナルド・クーマンからのロングパスでこのスペースを急襲するのが1つのパターンとなっていた。ウイングに点取り屋を置いていたのは、CFが空けたスペースに入り込ませるためなのだ。

システム化されたファルソ・ヌエベの効果を最大限に発揮したのは、リオネル・メッシだろう。ペップ・グアルディオラ監督時代のバルセロナである。サミュエル・エトー、ズラタン・イブラヒモビッチといった生粋CFを除外してまでメッシを据えたのだから、それだけ偽9番システムの効力を信じていたわけだ。実際、偽9番となったメッシはそこからワンステージ上のプレーヤーとなり絶大な威力を示した。

メッシ以外では、ASローマにおけるフランチェスコ・トッティが成功例としてあげられる。トッティの場合は、当時のルチアーノ・スパレッティ監督が使いどころに困った挙げ句の策のようだが、戦術上のイノベーションとはえてしてそんなもの。ペデルネーラもヒデクチも本職CF不在や同ポジションの余剰というチーム事情から始まっていた。必要が発明の母なのだ。

トッティの偽9番は機能性においてマジック・マジャールのナンドール・ヒデクチと似ている。トップの位置から少し引いてきて味方にスペースを空ける、パスワークに絡んで崩しの中心となるところはバルセロナ方式と同じなのだが、トッティはむしろ追い抜かれる1トップだった。

ローマが自陣に引いているときはハーフウェイライン付近に残っていて、カウンターアタックになったときに強力なポストプレーヤーとしてボールを預かり、味方が攻め上がるタメを作った。その意味ではゼロトップというより強力な1トップである。トッティを経由してカウンターがセットされると、味方はトッティを追い越していく。そのままトッティなしでフィニッシュへ至ることもあるが、攻め込みスピードが止まったときはトッティがバイタルエリアに顔を出して技巧とアイデアを発揮、シュートまでの道筋をつけた。ハンガリーにおいて、ヒデクチをフェレンツ・プスカシュやサンドル・コチシュが追い抜いていったのと同じ構図といえる。

偽9番はハンガリーやディ・ステファノによって英国にも知られるようになった。ハンガリーがウェンブレースタジアムでイングランドを6―3と大破した歴史的一戦の後、マンチェスター・シティは「レビー・プラン」と呼ばれた偽9番システムを採用している。当時のCFドン・レビーの名前をとったレビー計画だ。ちなみにドン・レビーは70年代にリーズ・ユナイテッドを率いた監督で、イングランド代表監督にもなっているが、レビー・プランはそこそこ成功したものの、その名を知る人はあまりいない。偽9番もシステムそのものではなく、誰がそれをやったかが決定的に重要なのだろう。

ラ・マキナのポジション流動性

40年代のリーベルについては映像がほとんど残っていない。断片的なものは存在するが、プレーぶりを伺い知れるのは当時の新聞記事や後の回想ぐらいだ。ただ、そこからトータルフットボールにつながるものは垣間見えている気がする。

偽9番、ペデルネーラのポジション移動に伴って、ラ・マキナにはポジションの流動性があった。ポジションどおりのプレースタイルだったのはライト・インナーのモレノだけで、ウイングのムニョスとロウスタウはかなり流動性が高かったといわれている。そもそもリーベルのフォーメーションは今日風に記せば「1－10」という話もあり、GKを除けばポジションは自由だったことがうかがえる。

高名なアタックラインを形成した5人のプロフィールを簡単に記しておこう。

ライト・ウイングのファン・カルロス・ムニョスは、ラ・マキナのスタートといわれる1941年時点で22歳。45年コパ・アメリカ優勝のアルゼンチン代表メンバーだった。CFペデルネーラが空けたスペースへ入って得点することも多かった。5人の中では比較的地味な経歴かもしれない。リーベルでは184試合に出場して39得点、4回の優勝を経験している。

インサイド・ライトのホセ・マヌエル・モレノは5人の中心的な存在だった。少年時代にボカ・ジュニアーズのテストを受けたら落ちてしまい、リーベルに入団したのはボカへの「復讐」だったという。リーベルに5回の優勝をもたらしただけでなく、5つの国で優勝している流浪のプレーメーカーだ。メキシコ、チリ、ウルグアイ、コロンビアのリーグ優勝を経験し、アルゼンチン代表としてはコパ・アメリカ優勝3回。長いキャリアの中で、なぜか1年だけ復讐を誓ったはずのボカでプレーしているのは彼の地元だったからだろうか。チョビ髭を生やし〝エル・チョロ〟（カウボーイ）と呼ばれた。タバコと酒が好きで練習が嫌い、ダンスホールに入り浸っては「ダンスは最高のフットボールの練習だ」と言い放っていた。万能型のインナーで5人のリーダー格。

元祖ファルソ・ヌエベ、アドルフォ・ペデルネーラは〝エル・マエストロ〟と呼ばれた頭脳派のプレーヤー。リーベルに5回のリーグ優勝をもたらした後、アトランタ、ウラカンを経て49年にコロンビアのミリョナリオスへ移籍している。この49年はアルゼンチンでゼネストが始まったタイミングであり、フットボールもストライキに加わってリーグがストップしていた。働き場をなくしたプレーヤーの何人かはコロンビアへ移籍、リーベルのロッシやディ・ステファノもペデルネーラの後を追うようにミリョナリオスへ移っている。51年からはプレーイング・マネジャーとしてコロンビアリーグで3連覇。当時のミリョナリオスは圧倒的に強かったようで、ディ・ステファノは「5とダンス」と表現している。さっさと5点とったら、あとは踊るようにプレーして観客を楽しませるということだったらしい。「水色のバレエ団」というニックネームもあった。

ミリョナリオスはヨーロッパへも遠征し、レアル・マドリーに4-2で勝利している。この遠征がディ・ステファノのレアル・マドリー移籍の発端になるのだが、それはまた後の話。

インサイド・レフト、アンヘル・ラブルーナは293ゴールをゲットしたラ・マキナの得点源。20年代に活躍したアルセニオ・エリコのリーグ最多得点に2点だけ及ばないが、アルゼンチンを代表するゴールゲッターである。大柄でパワフルなアタッカーで実質的なCFだったといえる。ラ・マキナのメンバーでは最も長くリーベルでプレし、20年間で優勝9回をもたらした。

フェリックス・ロウスタウはアルゼンチン史上最高のレフトウイングといわれている。中盤に引いてもプレーできるオールラウンダーでもあり、後のマリオ・ザガロの先駆的な存在だったようだ。

ムニョス、モレノ、ペデルネーラ、ラブルーナ、ロウスタウ。この5人が自在にポジションを変えながら攻撃するスタイルは画期的だったのだが、5人が揃ったのは実は18試合しかない。ラ・マキナは彼ら5人の名とともに語り継がれているわけだが、全員集合はたった18試合なのだ。しかし、こういう例はほかにもたくさんある。レアル・マドリーの有名なアタックラインであるコパ、リアル、ディ・ステファノ、プスカシュ、ヘントが揃ったのはたった8試合だ。82年ワールドカップで旋風を起こした「黄金の4人」(ジーコ、ソクラテス、ファルカン、トニーニョ・セレーゾ)も本大会が始まってからの組み合わせなので、全員揃った試合数はおそらく10試合以下だろう。ACミランの〝ダッチ・トリオ〟もフリット、ファン・バステン、ライカールトの3人の誰かを欠いた試合のほうが多かった。それでも、それぞれのユニットは強烈な印象を残している。

ラ・マキナは、ゆっくりとパスを交換しながら攻め込み、押し込んでから5人の爆発的なローテーション・アタックを仕掛けていたという。ライバルだったボカのプレーヤーによると、「見るには最高のチーム」だったそうだ。ラ・マキナの全盛期にボカは2回優勝している。ラ・マキナほど有名にはならなかったが、現実的なプレーぶりでラ・マキナには勝利できていたわけだ。エンターテイメント性で最高のチームが常に勝つとはかぎらないのは古今東西のフットボールで珍しいことではない。

ボール保持による攻め込みとローテーション・アタックは、トータルフットボールの成立要件である「パスワーク」に合致する。結局のところ、ボールを奪われない技術に傑出しているプレーヤーが複数いないと、史上に残るような優れたパスワークはありえない。とくにワンタッチコントロールの技術は決定的だ。ポジションに流動性があるのは、ボールホルダーがいつでもパスを出せる状態に一発でコントロールできる能力がないと成立しないからだ。パスが出てくる、あるいはパスを出せる状態になっているのが速いから、スムーズな連動性が生まれ、結果的にポジション流動性が出てくる。各所でノッキングしているようでは流動性など望むべくもない。オーストリアに赴いたジミー・ホーガンが、速いパスを次々にワンタッチでピタリと止めるパフォーマンスを見せたというエピソードと、ラ・マキナの流動性は、大陸は違っても同じ地平にあったといえる。

マジック・マジャール

1950年から54年までの4年間、32戦して28勝4分。次の1敗がワールドカップの決勝戦だったのは痛恨だが、その後も56年まで負けがない。6年間の通算では42勝7分1敗、史上最強のナショナルチームといえるかもしれない。

このときのハンガリーにないのはワールドカップ優勝だけだ。イングランドをウェンブレーで破った初の大陸チーム（英国以外）であり、ワールドカップにおいて初めてウルグアイを破ったチームでもある。その他、連続無敗記録、連続得点記録、勝率とあらゆる記録を塗り替えているが、特筆すべきはモスクワでソビエト連邦に初めて土をつけたことかもしれない。

当時のハンガリーは敗戦国であり、東西冷戦下でソ連の衛星国だった。ナショナリスティックな行動は禁止されていて、唯一許されていたのがフットボールだったという。当時無敵のハンガリーを迎えても、10万人を呑んだレーニンスタジアムの観衆は勝利を疑っていなかったそうだ。

ソ連は東側のリーダー、模範であり、何よりホームゲームで負けたことがなかったからだ。

ハンガリーとも過去に二度対戦しているが、ブダペストでもモスクワでも1–1のドローだった。しかし三度目の対戦では、ハンガリーがゾルタン・チボールのゴールで1–0と勝利。そのことでハンガリー国内の愛国心が煽られ、わずかな影響かもしれないが56年の動乱につながったのではないかという見方もあるそうだ。

オーストリアのヴンダーチームがナチスドイツの侵略によって終わり、ラ・マキナと呼ばれたリーベルは国内のゼネストで世代交代、そしてマジック・マジャールはソ連の戦車がブダペストに進入して分裂してしまった。いずれもチームが弱体化したのではなく、社会的な影響で消滅してしまったのは何ともやるせないものがある。

56–57シーズンのチャンピオンズカップにホンベドが参戦している。このホンベドは大半がマジック・マジャールのメンバーで構成されていた。アスレティック・ビルバオとのアウェーゲームを2–3と落とした後、ホームでの第2レグを前にブダペストで動乱が起こった。そこで第2レグをベルギーのブリュッセル（ヘイゼルスタジアム）で行っている（3–3のドローでホンベドは敗退）。一行はそのまま帰国せず、家族を呼び寄せてヨーロッパ遠征を行った。イタリア、ポルトガル、スペインを巡り、ブラジルまで足を伸ばした。この遠征はハンガリー協会とＦＩＦＡの帰国要請を無視していたのでプレーヤーは2年間の出場停止処分が科されている（のちに軽減）。南米からヨーロッパに戻ると、それぞれの選択をしてチームは実質的に解体された。チボールとコチシュはバルセロナへ、エースのプスカシュは紆余曲折の末にレアル・マドリーへ移籍。ボジクはハンガリーへ戻っている。

1952年のヘルシンキ五輪で金メダル、53年にはウェンブレーで「世紀の試合」と呼ばれた伝説的なイングランド戦に勝利、そして54年ワールドカップでの激戦と名勝負…強烈な印象を残して消えたハンガリーはトータルフットボールのプロトタイプだった。

計画的なM

戦術的にハンガリーを有名にしたのは「M型」のフォーメーションだ。

当時のフォーメーションはWMである。今風に表記すれば3-2-2-3。ハンガリーはWの部分の5人のアタックラインがMの字になっているのが新機軸だった。CFが後方に引き、反対に2人のインサイドフォワードが前方に出る、このときのプレーヤーを線で結ぶとMの字になるわけだ【図3】。

M型の攻撃陣で「偽9番」の役割を担ったのはナンドール・ヒデクチ、この人は他のメンバーとは少し毛色が違う。

プスカシュをはじめ、多くの代表メンバーが陸軍のクラブであるホンベドに所属していたが、

図3　マジック・マジャールのM型

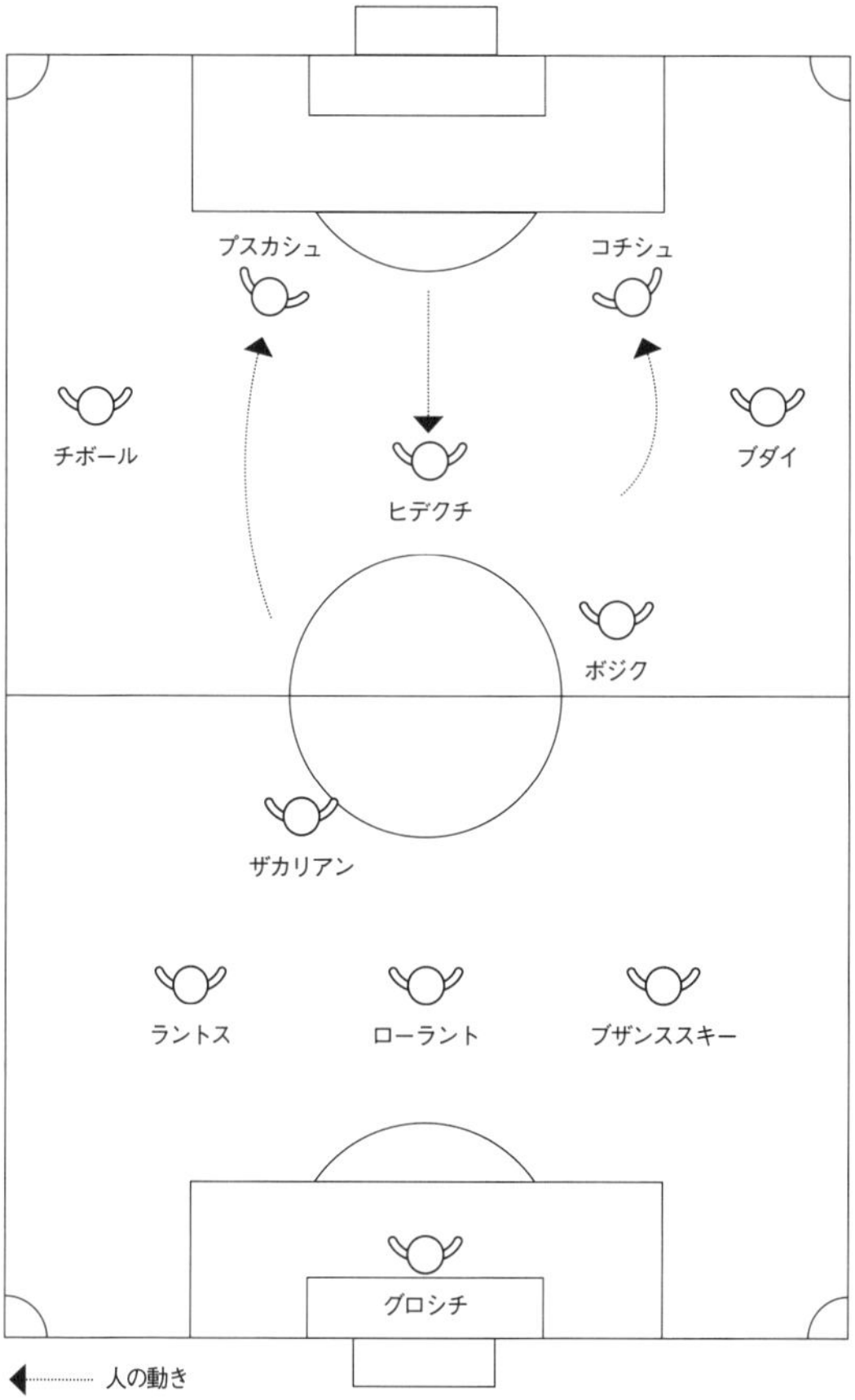

ヒデクチはＭＴＫの所属だった。このＭＴＫはたびたび名前が変わっている。１９３０〜40年代はユダヤ人のスポーツクラブとして有名で、ハンガリーの名門だった。ヴンダーチームの基礎を作ったジミー・ホーガンが１９１４〜21年に監督を務め、25〜27年に二度目の指揮を執っている。49年に国が共産化してから秘密警察に接収され、テキスタイルＳＥに名前が変わった。その後も2回変わって、56年に元のＭＴＫに戻るのだが、本書ではＭＴＫとして表記する。

ハンガリー代表はＭＴＫとホンベドの合体チームだった。有力選手を2つのチームに結集させたのは、スポーツ省次官で代表監督だったグスタフ・セベシュのアイデアである。セベシュはフランスの自動車メーカー、ルノー社で組合活動に従事し、地元（パリ）のオランピック・ビリャンクールでプレーしていた。49年にハンガリー共産化とともに代表監督に。かつてのオーストリアやイタリアが1つないし2つのクラブを中心に構成されていたのを参考に、当時の強豪であるＭＴＫとフェレンツバロシュに絞り込むつもりだったが、右翼的なクラブカラーのフェレンツバロシュは敬遠され、キシュペストを陸軍のチーム（ホンベド）とすることで多くのプレーヤーを吸収している。プスカシュとボジクはキシュペスト時代から所属していたが、ブダイ、チボール、コチシュがフェレンツバロシュから移籍、ローラントとグロシチも加わった。

ヒデクチのプレーするＭＴＫにはペーター・パロタシュ、ミハリ・ラントシュ、ヨゼフ・ザカリアンがいたが主力はホンベドである。ただ、ハンガリーの戦術的な目玉となった「偽9番」

はＭＴＫが発祥だった。もともとはインナーばかりでＣＦがいないというチーム事情によるものだったが、ヒデクチをＣＦに起用することの効果が確認され、セベシュは代表チームにも採り入れた。

当時のフォーメーションはＷＭの３バックである。ハンガリーも基本はＷＭなのだが、ＣＦのヒデクチが深い位置をとることで劇的な効果を生んだ。相手のＣＢはＣＦをマークするのが任務なので、ヒデクチについていくと中央のスペースがまるっきり空いてしまう。この偽９番のメカニズムは前記したとおりだが、50年代は３バックだったからＣＢが２人いる場合よりも守備側の被害は大きかった。

ただ、ヒデクチのプレースタイルはメッシよりもトッティに近い。味方が守備に引いているときはセンターサークル付近に残っている。そこからカウンターアタックに移るときに少し下がるか、そのままの位置にいて味方の縦パスを収めてさばく。相手のＣＢはヒデクチをマークしたままだと背後に大きなスペースを残してしまう、かといって下がってしまえばヒデクチがフリーになる。イングランドをウェンブレーで破った歴史的な一戦でも、ヒデクチへのマークは中途半端なままだった。マーク役だったハリー・ジョンストンはヒデクチに付くべきか、それとも自分のポジションを守るべきか、ずっと迷っていたという。カウンターアタックをセットするヒデクチはボールコントロールに優れ、キックも多彩だった。アウトサイドを使ってカーブさせるパスが上手で、自分を追い越してスペースへ走る味方とマークする相手の動きを把握して、ちょうどいいパスを供給する。キックが多彩なのでスピードや角度を調整できた。この「世紀の試合」でハットトリックを決めたヒデクチはマンオブザマッチといっていいだろう。ただ、マジック・マジャールのエースはヒデクチではない。

ヒデクチは重要なプレーヤーではあったが、チームのキャプテンで得点源、絶対的なエースはフェレンツ・プスカシュである。「左足の少佐」（実際に陸軍の少佐だった）と呼ばれ、類い稀なプレーメーカーであり強力なゴールゲッターだった。ずんぐりした体型と洗練された技巧は後のディエゴ・マラドーナと似ている。例のウェンブレーでのイングランド戦のキックオフ前に、プスカシュはセンターサークルでボールリフティングをしていた。10万人を超える大観衆の真ん中で悠然とボールと戯れる姿は、後のマラドーナとそっくりだ。

プスカシュの父親もフットボールプレーヤーで、キシュペストの監督になっている。息子のプスカシュは父親の指揮するキシュペスト（後のホンベド）でデビューし、341試合に出場して352ゴールを記録した。ハンガリー代表でも85試合84得点というハイアベレージを残している。パスもドリブルも抜群だったが、シュートの正確性は格別。50年代のスーパースターだ。ペレ、ディ・ステファノ、マラドーナ、メッシらと並ぶフットボールの偉人である。ただ、プスカシュは今日のスターとは違っていた。というのも、当時のハンガリーは社会主義国家であり、セベシュ監督が掲げていたのは「社会主義的フットボール」だったからだ。自由よりもまず平等であり、セベシュはプレーヤーがすべてのポジションでプレーすることを要求したという。全員攻撃全員守備というコンセプトも社会主義と相性がよさそうである。

プスカシュは天才アタッカーだったが、守備も忠実だったしよく走った。特別な技量を持っていても、あくまでもチームの一員という扱いだったようだ。

インサイド・ライトのサンドル・コチシュはプスカシュをしのぐゴールゲッターで、代表68試合で75ゴールという驚異的な得点力を発揮している。54年ワールドカップでも11ゴールで得点王だった。ホンベドでも145試合153得点と、やはり得点数が試合数を大きく上回っている。ヒデクチやプスカシュのようなプレーメーカー兼任ではなく、純粋なストライカーのタイプ。とくにヘディングが得意だった。

ハーフバックのヨゼフ・ボジクはプスカシュの2歳上の幼馴染み、キシュペストでも一緒にプレーしている。世界最高のハーフバックと称賛され、丁寧なパスワークでヒデクチやプスカシュとともに攻撃をオーガナイズ。読みのいい守備でも貢献した。

レフトウイングのゾルタン・チボールは俊足で両足を使えた。ハンガリー動乱後はコチシュとともにバルセロナへ移籍している。

GKジュラ・グロシチは長身でハイボールに強く、セービングも俊敏な当時世界最高クラスのGKだった。ペナルティーエリアから出てカバーリングを行う足技にも優れ、キャッチしたボールの素早いスローインにも定評があった。マンチェスター・シティがヒデクチの「偽9番」を真似た「レビー・プラン」を採用したことはすでに記したが、GKからのフィードを攻撃の第一歩とすることも学んでいた。シティのGKバート・トラウトマンも当時の名キーパーだった。ちなみにグロシチとトラウトマンの人生はどこか似たところがある。

グロシチは49年にスパイ容疑と反逆罪で軟禁され、証拠不十分となった後も秘密警察の監視下に置かれた。動乱の際には亡命せずに国内に留まったのにホンベドから炭鉱街のクラブへ移籍させられている。一方、ドイツ軍のパラシュート部隊だったトラウトマンは、ロシアとフランスで部隊が壊滅して捕虜にされたが二度とも脱走、ベルギーで拘束されて英国へ送られたところで終戦を迎えた。農場労働を強いられていた時期にプレーを再開し、最初はフィールドプレーヤーだったのがGKへ転向して注目を集め、シティとの契約に至った。FAカップ決勝では首を骨折しながら最後までゴールを死守して優勝という凄まじいエピソードで知られている。

2人の偉大なGKだけでなく、この時期のプレーヤーには戦争や不安定な社会情勢に翻弄された逸話を持つ者が少なくない。そういう時代だったのだ。

DFの軸となったのはCBのジュラ・ローラント。長身で壁のように立ちはだかった。ボジクとハーフバックを組んだヨゼフ・ザカリアンは、今日風にいえばディフェンシブハーフだ。

ほぼCBであり、ザカリアンをDFとするとハンガリーは4バックであり、4–2–4だったということになる。

社会主義のフットボール

マジック・マジャールのプレースタイルはトータルフットボールの雛型といっていいだろう。全員攻撃全員守備のコンセプト、正確なパスワークと精緻なコンビネーション、フィジカル面でも相手チームを圧倒していた。

すでに記したようにグスタフ・セベシュ監督による方針が大きい。ホンベドとMTKに代表の主力を集めてコンビネーションを作り、体力面での強化も計画的に行っている。オーストリアのヴンダーチームとワールドカップ連覇のイタリアを参考にしたといわれているが、特定のクラブチームから代表選手を選抜する方法は当時としては珍しかったようだ。

ハンガリーと対照的だったのがイングランドで、代表選手は試合ごとに選考委員会が選出していた。しかもこれといったポリシーもなく、継続的な強化策もない。それでも40年代後半のイングランドは世界最高クラスの強豪だった。英国初の100キャップを達成したビリー・ライト、天才肌のインサイド・ライトだったウィルフ・マニオン、不老のスタンレー・マシューズなどがピークだった時期には、グランド・トリノを中心としたイタリアをトリノで4−0と破り、ホーム不敗だったポルトガルをリスボンで10−0と大破している。他国に先駆けてプロリーグのあったフットボールの母国、そのトップクラスのプレーヤーを揃えれば勝って当たり前だと思っていた。

53年にウェンブレーでハンガリーに粉砕されたのは、イングランドにとってトラウマになっている。スタン・モーテンセンやアルフ・ラムゼーといったベテランが退き、翌年に若手を抜擢してブダペストで再戦を行ったが結果は7−1の大敗。再び彼我の差を見せつけられた。ただ、マンチェスター・シティは「レビー・プラン」でハンガリー方式を採り入れ、ウェンブレーでPKを決めたラムゼーは監督になるとウェスト・ハムのプレーヤーをユニットとして生かし66年ワールドカップで優勝。ウェスト・ハムの監督だったロン・グリーンウッドはドン・レビーの後に4代目のイングランド代表監督になった。ハンガリーを見て「プスカシュは火星人に思えた」と嘆息したボビー・ロブソンも、監督として90年ワールドカップでイングランドをベスト4に導く。ハンガリーによって目を開かれた人々がその後の時代を築いたので、記録的な大敗も無駄ではなかったのかもしれない。

話を戻すと、ハンガリーはクラブチームのコンビネーションや戦術を代表に転用して大きな成功を収めた。強制的にプレーヤーを移籍させたのは、資本主義国にはできない施策とはいえ、そのチーム作りはオランダや西ドイツに受け継がれている。70年代のオランダはアヤックスとフェイエノールトの合体だったし、西ドイツはバイエルン・ミュンヘンとボルシアMGのプレーヤーが主力だった。ソ連もディナモ・キエフ中心に代表メンバーを編成している。最近でも、バルセロナを中心としたスペインが2010年ワールドカップを制し、バイエルン・ミュンヘンを軸としたドイツが14年ワールドカップに優勝している。

WMのポジション固定だった当時の戦術で、ハンガリーの意図的なローテーション・アタックは斬新だった。ウェンブレーでのイングランド戦における3点目には、そうしたハンガリーの特徴がよく表れている。

右サイドで右ウイングのブダイがキープすると、その前方にチボールが斜めのランニングで抜け出してパスを受け、そこからの折り返しをプスカシュが決めている。右ウイングのブダイから縦パスを受けたチボールが左ウイングというところに、このチームの流動性とダイナミズムが示されている。さらに、ゴールラインまで食い込んだチボールのプルバックをニアポスト前で受けたプスカシュの足裏を使った引き技は、このゲームのハイライトだった。危機を察知してスライディングしてきたビリー・ライトは、プスカシュの前を急行列車のごとく通過していった。左足の裏でボールを引いてライトをいなしたプスカシュは、ワンステップで強烈なシュートを叩き込む。コンビネーションと流動性にスピードと運動量が加わり、最後はプスカシュの冷静さとアイデア。ボールを引いて押し出してシュートという一連の動作が注目されたのだが、その前に何でもできる位置にボールを止めたタッチがすべてだと思う。フェイントの素晴らしさよりも、そこへ止めていなければライトのタックルを食らっていたはずだからだ。センチ、ミリの精度。昔も今も、その重要性は変わらない。

Chapter 4
ブラジルとレアル・マドリー

ブラジルの4‐2‐4

1958年ワールドカップで優勝したブラジルは画期的なチームだった。8年前は自国開催で優勝に王手をかけながらウルグアイに敗れる「マラカナンの悲劇」、4年前は準々決勝でハンガリーと退場者続出の大乱戦となった「ベルンの戦い」に敗れ、58年スウェーデン大会が初優勝である。

フォーメーションが数字で表記されるようになった初めてのケースでもあった。58年のブラジルは4‐2‐4システムと呼ばれた。それまではWM、MM、あるいはイタリアのメトードなど、現在一般的に使われている数字によるフォーメーション表記は使われていなかった。

ブラジルの4‐2‐4は、4‐2・5‐3・5ともいわれていて、左ウイングのマリオ・ザガロがMFとFWを兼ねている【図4】。いわゆるワーキングウインガーであり、後のウイングバックの先祖ともいえる。4人のFWは右からガリンシャ、ババ、ペレ、ザガロ。ワールドカップ史上でも最強のアタックラインだ。

右のガリンシャは爆発的なスピードと超絶テクニックで、ペレと並ぶブラジルのレジェンドである。

図4　1958年W杯のブラジル

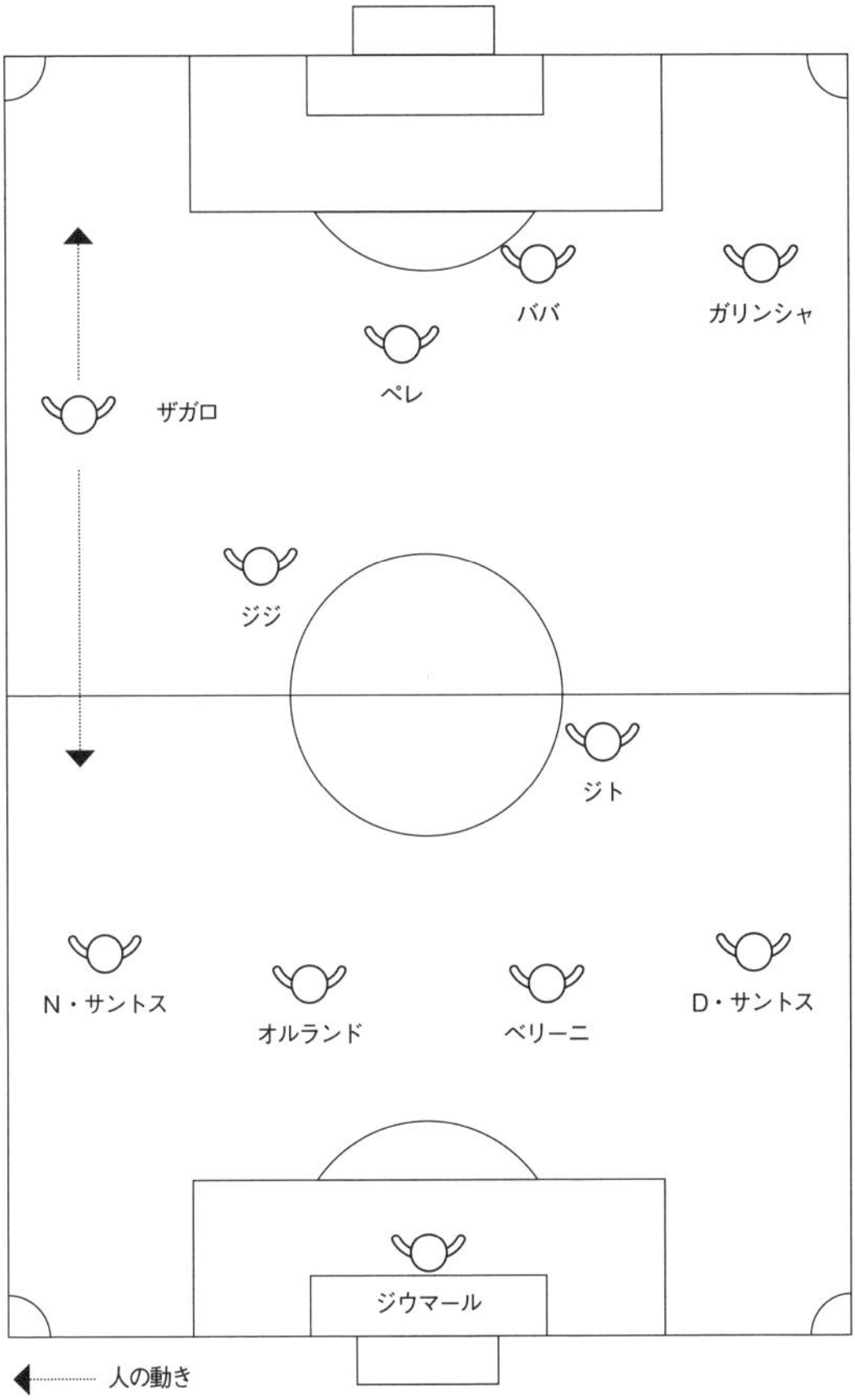

6歳のときにポリオを患い、無名の若い医師が手術を施した結果、左右の足の長さが違ってしまった。貧しくて診察代が払えず、それをみかねた医師が治してあげたわけだが、背骨まで歪曲してしまったという。それでも山や川に囲まれて、ガリンシャはのびのびと育った。子供の時分からフットボールの才能は注目されていたようだが、本人はさほど固執しておらず、50年にブラジルでワールドカップが開催されて国中が沸きかえっているときにも釣りに出かけていたそうだ。インディオの父、アフリカ系の母、〝ミルクコーヒー〟と呼ばれる肌の色の自然児。名門ボタフォゴの入団テストで、対面したニウトン・サントスを何度も抜き去った。ブラジル代表のニウトン・サントスが「こんなヤツを敵に回したくない」と、クラブに頼み込んでボタフォゴに入ったというエピソードが知られている。

右サイドで相手と対峙すると、ガリンシャは小刻みなステップで間合いを計りながら、いきなり縦へボールとともに飛び出してぶっちぎるドリブルを得意としていた。ほとんどフェイントらしいフェイントもなく、ロケットスタート一発で置き去りにする。この感覚とスピードについては才能としかいいようがない。対戦相手はガリンシャのやり方を熟知していても止められなかった。カットインしての左足のシュートもあり、高いジャンプからのヘディングシュートも強力、大きくカーブするＦＫも上手かった。

ＣＦのババは万能型のゴールゲッター。ガリンシャからの低いクロスを叩いてのゴールがブラジルの得点パターンになっていた。パワフルで競り合いに強く、機動力もあり、ブラジル人らしく足下の技術もあった。

58年時点で17歳だったペレは、まだ王様ではない。ババの近くでフラフラしながらこぼれ球を狙い、中盤の司令塔であるジジやザガロと連携する。ときおり披露するボールコントロールは抜群のセンスを感じさせ、得点能力の高さもみせていた。ペレが空前絶後のスーパースターとして君臨するのはワールドカップ優勝の後になるわけだが、58年の時点でもチーム最高の6ゴールをマークするなどキープレーヤーの1人ではあった。

戦術的に重要だったのは左のザガロである。もともとはインサイドレフトだったのが、代表では競争相手が多かったためにウイングへ転向した。ただ、代表チームでも最初からレギュラーだったわけではなくライバルの負傷をきっかけにポジションをつかんだ。左利きのクレバーなテクニシャンで、右のガリンシャのような超人的な個人技はないかわりに、ジジやペレと連携してパスワークの軸になっている。４年後の62年チリ大会でもザガロは同様の役割を果たした。ザガロが開発した役割はその後も引き継がれ、三度目の優勝を果たしてジュール・リメ杯を保持することになった70年ワールドカップでは、リベリーノが継承している。ちなみにこのときの監督がザガロで、プレーヤーと監督の両方でワールドカップ優勝を成し遂げた最初の人物となった。

司令塔は58年ワールドカップMVPに選出されたジジだ。抜群のキープ力、正確なパス、広範囲な運動量、背筋を伸ばして周囲を睥睨し、右足のアウトサイドで正確なパスを飛ばす…チームの頭脳で心臓だ。攻撃のほとんどはジジを経由した。フォーリア・セッカ（枯れ葉）と名付けられたドロップするFKの名手でもあった。縦回転のFKで、現在はFKキッカー必須ともいえるが、壁を越えてストンと落ちるボールを蹴る人は当時ほとんどいなかった。大会後にレアル・マドリーに移籍したが、ディ・ステファノと共存できずにボタフォゴに戻っている。ジジに嫉妬したディ・ステファノに追い出されたという説があるが、それもうなずけるぐらいの名手であり、何よりディ・ステファノとプレースタイルが被りすぎていたのがまずかったのだろう。

4–2–4の「2」を担当するもう1人のMFであるジトは、守備型で4バックのスクリーン役を果たした。62年にワールドカップ連覇を果たすブラジルは、CB2人が入れ替わっただけでほぼ58年と同じメンバーである。ペレがグループリーグで負傷欠場してしまったが、アマリルドがその穴を埋めた。ガリンシャの無双ぶりは58年と変わらず。ブラジルの攻撃力が世界を席巻していた。

4–2–4自体は、すでにハンガリーが実現していたともいわれる。CFが引いて、インナーが前へ出たときには確かに4トップになるからだ。ハンガリーのコーチングスタッフだったべラ・グットマンがサンパウロの監督を務めたときに伝えたという説もある。ただ、ハンガリーとブラジルのシステムは形こそ似ているが機能性は違う。ブラジル独自のシステムと考えたほうがいいと思う。

まず、ブラジルにはハンガリーのヒデクチに該当する「偽9番」がいない。ブラジルのCFババは「偽9番」どころか本格的なCFだった。左のザガロは流動的で、それに伴ってペレも自由に動いているが、意図的なポジションチェンジというよりも組み立てを1人で担っているジジをザガロが助けるという関係だった。

セレソンの礎

ここでセレソン（ブラジル代表）のプレースタイルについて、その変遷をたどってみたい。トータルフットボールの潮流と直接の関係はないが、パスワークによる技術のフットボールという点では似たもの同士だろう。

58年に新型システム4−2−4で初優勝したブラジルは、ほぼ同じメンバーで62年チリ大会も連覇。66年イングランド大会はペレとガリンシャを除く連覇メンバーがいなくなってグループリーグ敗退。なりふり構わず止めに来るラフプレーにも悩まされた。しかし、70年メキシコワールドカップでは新たな世代の台頭もあって三度目の優勝を成し遂げ、ジュール・リメ杯を永久保持することとなった。

70年のブラジルは4－3－3だった。右にはガリンシャの後継者として俊足のジャイルジーニョ、左ウイングはザガロの路線を受け継ぐロベルト・リベリーノがいる【図5】。CFはハンマータイプだったババとは似ていないが左利きのテクニシャン、トスタン。トスタンは「偽9番」のタイプだった。「白いペレ」と呼ばれ、眼を悪くして早期に引退してしまったがインテリジェンス溢れる名手だった。そしてペレは変わらず。MFでジジの役割を果たしたのはジェルソン、もう1人は若いクロドアウドである。

実はポジションの構成は58年のときから変わっていない。つまりブラジルは4－2－4のままともいえるし、最初から4－3－3だったともいえる。現在の感覚からすると、ペレをトップ下に置いた4－2－3－1というのが最もしっくりくるかもしれない。

フットボールのスーパーレジェンド、ペレはストライカーでありプレーメーカーでもあったが、ディ・ステファノやボビー・チャールトンのような広範囲な動き方はしない。前線近くでフラフラしていて、ここという瞬間に決定的なプレーをする。10番のイメージを作ったプレーヤーだった。スピードもパワーもあり、その動きは今見ても不思議としかいいようがない。1人で全員抜いてゴールする離れ業も演じていて、3～4人を抜き去ってのゴールなど日常茶飯

図5 1970年W杯のブラジル

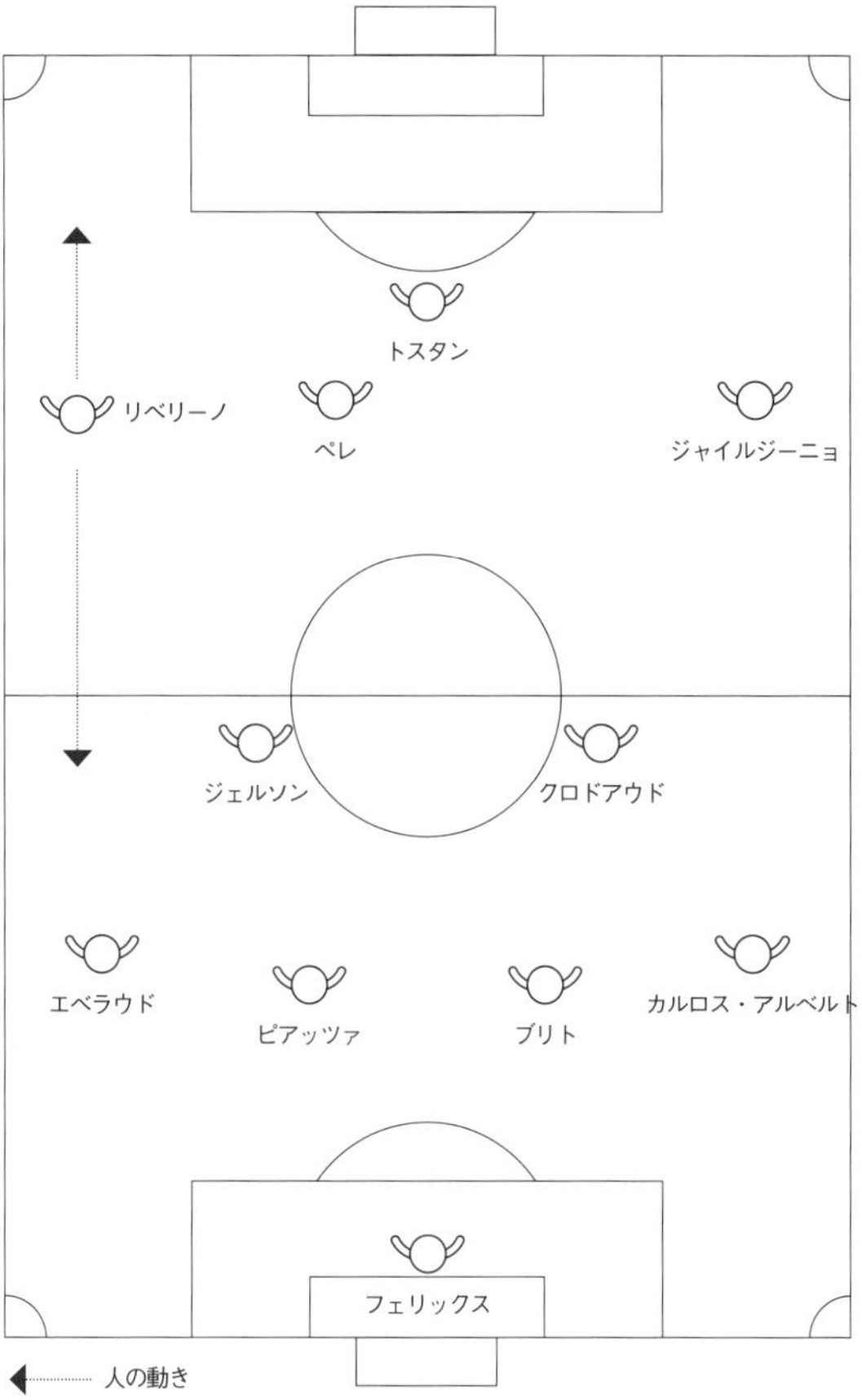

事。しかし、完全なソロプレーヤーかというとそうでもなく、周囲とのコンビネーションも巧みでアシストも多かった。身体能力もボール感覚も特別だったが、誰にもマネできないのはインスピレーションだ。相手の足にぶつけてリバウンドをとって抜き去るドリブル、頭越しに浮き球でかわす〝シャペウ〟、インサイドでもアウトサイドでも大きく曲げるシュート、ハーフウェイラインから狙う超ロングシュート…何をするか予想がつかない。まさに天才である。

70年にザガロ式の左ウイングだったリベリーノは、ペレ以上のテクニシャンだ。左足でボールをまたぐフェイントで有名だった。後年にロナウドやロナウジーニョがやって有名になるエラシコ（アウトサイドからインサイドへボールを足につけたまま切り返す技）の元祖ともいわれている。このテクニック自体、今では子供でもやるようになったが、リベリーノの場合はやはりスケールが違っていて、最初のアウトでの押し出しで対面するプレーヤーの足先ぎりぎりまでボールを動かしていた。たんにボールを左右に動かすのではなく、相手の右足の前まで持っていくのでどうしても反応してしまう。ボールの動かし方が大きかったのだ。後のロナウジーニョも、最初のアウトのタッチでボールが浮くほどの勢いがあった。それぐらいの幅とスピード感があってこそのフェイントなのだろう。

リベリーノは小柄だったが左足のキックは桁外れのパワーがあり、正確性も抜群だった。74年西ドイツワールドカップでは壁に並んでいた味方が倒れ込んで空いた、ボール1個ぶんの空間を打ち抜く伝説のFKを決めている。ある意味、ザガロの強化バージョンだった。70年のブラジルにはゲームを作れるプレーヤーがペレ、トスタン、リベリーノ、ジェルソン、クロドアウドと5人もいて、右サイドバックのカルロス・アルベルトもパスワークが上手かった。

58年から続くブラジルの基本構成はその後もしばらく続く。ゾーンの4バック、MFは1人が守備型のボランチ、もう1人が配球役のプレーメーカー。アタックラインは左右どちらかが突破型のドリブラー、もう1人がプレーメーカー兼任のワーキングウインガー。前線の中央はハンマータイプ（ババ）、偽9番（トスタン）の違いはあってもCFがいて、あとは「ペレ」である。

このチーム構成はその後も長く受け継がれる原型だ。例えば、92、93年のインターコンチネンタルカップ（トヨタカップ）を連覇したサンパウロがそうだった。92年は「ドリームチーム」と呼ばれたバルセロナ、93年はACミランを撃破して連覇している。92年に敗れたバルサのヨハン・クライフ監督は、「どうせ轢かれるならフェラーリのほうがいい」と試合後の記者会見で話していた。サンパウロは「フェラーリ」だったわけだ。4バックの前に守備型のピンタドとプレーメーカーのトニーニョ・セレーゾ、左ウイングに突破型のミューレル、右がワーキングウインガーのカフー、偽9番型のパリーニャ、そして10番がカフーだった。93年のほうは、当時のブラジルの標準型だった4-2-2-2に近い。パリーニャとミューレルは同じで、右はワーキングウイングのジーニョに代わっている。10番だったライーは移籍していて、後釜のレオナルドは中央よりも左サイドを中心に動き、ジーニョと左右のエリアを分担する形だった。引退間近だったがトニーニョ・セレーゾも健在、93年はドリーバとコンビを組んでいる。

その時代やプレーヤーによって異なるが、58年の4-2-4がベースになっていて、80年代あたりから突破型ウイングを使わない4-2-2-2が標準型になった。Jリーグの鹿島アントラーズが長年使っている4-4-2は、80年代に流行した4-2-2-2である。

70年以来の偉大なセレソンだった82年のチームについては後述するが、58年のブラジルはその後に大きな影響を与えたチームだったのは間違いない。

チャンピオンズカップ5連覇の白い巨人

50年代の終わりから60年代、ワールドカップの主役がブラジルなら、ヨーロッパのフットボールで盟主となったのがレアル・マドリーだった。

1955年にヨーロッパ・チャンピオンズカップが誕生。現在のUEFAチャンピオンズリーグの前身である。その第1回大会から5回連続でレアルが優勝している。フランスのスポーツ紙レキップの編集長だったガブリエル・アノーの提唱で実現したチャンピオンズカップだが、当初はイングランドのチームが参加していない。試合がウイークデーに行われるので照明がマストになるなど、いろいろな参加条件もあって足並みが揃わず、見切り発車でスタートしている。レアルのサンチャゴ・ベルナベウ会長は、そんな中でアノーの力強い協力者だった。実はスペインの総意としては参加しないことを決めていたのだが、代表者のベルナベウが独断で参加を伝えていた。

その時点のレアルは、現在のような強豪クラブではない。

1897年に出来たフットボール・スカイというクラブが1900年に分裂し、1902年にマドリードFCを結成。これがレアル・マドリーの創設とされている。サンチャゴ・ベルナベウは1912年に16歳でデビュー、翌13年に国王アルフォンソ13世から「レアル」の称号を授与された。ただ、国王は全くフットボールに興味がなかったらしく、当時の観客数も1000人程度だった。しかし、1924年には収容1万5000人のチャマルティンスタジアムが出来ているから、創立から20年を経過してフットボール人気もかなり高まっていたようだ。27年にはベルナベウを団長として南米遠征も敢行した。29年のリーガ・エスパニョーラ創設時にはバルセロナ、アスレティック・ビルバオ、レアル・ソシエダ、エスパニョールらとともに参戦する。初のリーガ優勝は32年、バルセロナから移籍してきたリカルド・サモラらが活躍した。ただ、このときは第二共和制の時代で「レアル」の称号はなく、マドリードFCだ。

アルフォンソ王も国外へ亡命している。33年も連覇、やはりバルサから引き抜いたジョゼップ・サミティエールが優勝の原動力だった。

1936年に市民戦争が起こる。42歳のサンチャゴ・ベルナベウは志願兵として反乱軍に参加、サモラは一時刑務所に収監されたのちに亡命、その他のプレーヤーもある者は兵士となり、ある者は亡命するなど、チームはバラバラになってしまう。戦争が終結した39年にリーグが再開、レアルがようやくリーグ優勝するのは54年である。チャンピオンズカップ開始の1年前だ。リーグ優勝3回は飛び抜けた戦績でもなく、ヨーロッパの名門というほどではなかった。

41年にエンブレムに王冠が復活したレアル・マドリーが、ヨーロッパの強豪にジャンプアップするきっかけは53年のアルフレード・ディ・ステファノの獲得である。

52年3月にディ・ステファノを擁するコロンビアのクラブ、ミリョナリオスがチャマルティンでレアルと対戦して4−2で勝利、レアルは再戦を申し入れたがこちらもミリョナリオスの勝利。この2試合を見て、レアル・マドリーとバルセロナがほぼ同時にディ・ステファノ獲得に動くことになった。レアルとバルサは、それぞれミリョナリオス、リーベル・プレートとの交渉を開始している。当時のコロンビアはFIFAに加盟しておらず、アルゼンチンのゼネストをきっかけに〝海賊リーグ〟に渡っていたディ・ステファノの獲得交渉をどちらのクラブと行うべきかはっきりしていなかったのだ。結局、レアルとバルサはそれぞれディ・ステファノ獲得の権利を主張する事態となり、介入したFIFAも事の複雑さに匙を投げ、一任されたスペイン協会の裁定はレアルとバルサで1シーズンごとにプレーせよというバカバカしい結論に。最終的にはレアルがバルサから権利を買い取ってディ・ステファノはレアルのプレーヤーとなっている。やがてバルサはディ・ステファノを諦めたのは大失敗だったと悟るわけだが、レアル入団時の年齢は27歳だったので、そこまで固執しなかったようだ。当時は30歳になれば引退といわれていたから、27歳はすっかりベテランの域だった。しかし、ディ・ステファノは11シーズンをレアルで過ごし、5回の得点王と二度のバロンドールを獲得、何といっても5回連続でヨーロッパ王者に君臨させる原動力になった。レアルの栄光はディ・ステファノが作り上げたといっても過言ではない。

元祖オールスターチーム

FIFAはレアル・マドリーを「20世紀のクラブ」として表彰した。21世紀に入ってからも、フロレンティーノ・ペレス会長の下、「ロス・ガラクティコス（銀河系）」と呼ばれた豪華絢爛のオールスターチームを編成している。ルイス・フィーゴ、ジネディーヌ・ジダン、ロナウド、デイビッド・ベッカム、マイケル・オーウェンと毎年バロンドール受賞者やそのときのスーパースターを獲得した。この編成方針は強化というよりコレクションに近く、チームバランスはおよそお構いなし。ペレス会長はスタジアムにその名がついているサンチャゴ・ベルナベウに倣ったのだ。

ＵＥＦＡまで反対していたチャンピオンズカップの立ち上げに豪腕を発揮したレアルのベルナベウ会長は、市民戦争で荒廃したチャマルティンを7万５０００人収容の巨大スタジアムに改築し、54年には何と12万５０００人収容に拡張してみせた。スタジアムに名前がつくはずである。弁護士で鍛えた交渉力、元選手としての眼力を発揮し、次々と有力選手の獲得に成功、ディ・ステファノだけでなく世界最速と呼ばれたウイング、フランシスコ・ヘントを引き抜き、ミリョナリオスでディ・ステファノのチームメートだったエクトール・リアルも獲得した。55−56シーズンに始まったチャンピオンズカップ決勝で対戦したランスのエース、レイモン・コパもすかさず引き抜く。その後もウルグアイ人のホセ・サンタマリア、ブラジルの名手ジジ、伝説のマジック・マジャールの中心だったフェレンツ・プスカシュと、役割の重複などお構いなしの補強ぶりは、後年の銀河系軍団そのものといっていい。

中心となったのはディ・ステファノだ。ファルソ・ヌエベ（偽9番）の元祖であるアドルフォ・ペデルネーラの後輩、中盤でのゲームメークから仕上げまでやる万能プレーヤーだった。すこし後に登場するペレやガリンシャのような超人的な身体能力はないものの、フィールドを俯瞰する眼と高い技術に裏打ちされた頭脳的なプレーをみせた。もともとリーベルで「黄金の矢」と呼ばれたスピードの持ち主で、スタミナも抜群、当時の重いボールをきれいなフォームで叩き込むパワフルなシュートも定評があった。場合によっては守備を助けて白いユニフォームを泥だらけにして奮闘し、「労働者」とも呼ばれた。

パスを出し、再び自分が受け、さらに展開してシュートまで持っていく。全部1人でやってしまう。だからレアルは戦術ディ・ステファノで、似たタイプのジジやコパと共存するのは最初から難しかった。コパは右ウイングでようやく息をつき、ジジは失意の帰国を余儀なくされている。それでもレアルがスター軍団であることに変わりなく、ディ・ステファノによって引き起こされるポジションの流動性とパスワークは後のトータルフットボールと無関係ではない。ヨハン・クライフは「ディ・ステファノの再来」と呼ばれることになる。

58年に加入したプスカシュはディ・ステファノと名コンビを組んだ。プスカシュもプレースタイルがディ・ステファノとかなり重なるのだが、共産圏のチームでエースだったプスカシュは自己主張の強いプレーヤーではなく、エゴイストのディ・ステファノとぶつからなかったようだ。上手くディ・ステファノを立てながら共存を成功させた。もともとそういう性格だったのか、敵も多かったディ・ステファノとは違って誰からも好かれ、パンチョのニックネームで親しまれた。ハンガリー代表でナンドール・ヒデクチの偽9番を経験していたのも大きかったに違いない。

チャンピオンズカップ5連覇を達成した59‐60シーズンのファイナルでは、プスカシュが4ゴール、ディ・ステファノが3ゴールを決め、7‐3で西ドイツのアイントラハト・フランクフルトを一蹴した。会場となったスコットランドのハンプデン・パークは、後にジダンが伝説的なボレーシュートを叩き込んで優勝するレアルに縁のあるスタジアムである。

ディ・ステファノは変幻自在のポジショニングでゲームをコントロールし、プスカシュはトップに近い位置でプレーしている。マジック・マジャールの時代とプスカシュのプレーに大きな変化はないものの、若干ストライカー寄りになっている。ディ・ステファノが前へ出れば、反対にプスカシュが少し下がってゲームメークをすることもあり、この2人には〝あうんの呼吸〟があったようだ【図6】。その時代を代表するスーパースターが1つのチームに共存し、しかも無類のコンビネーションを発揮した希有な例といえるだろう。

数奇なクバラとバルセロナ

レアル・マドリーの6連覇を阻止したのはバルセロナだった。

60‐61シーズンのチャンピオンズカップの1回戦でスペインの両雄が激

図6　1959－60シーズンの白い巨人

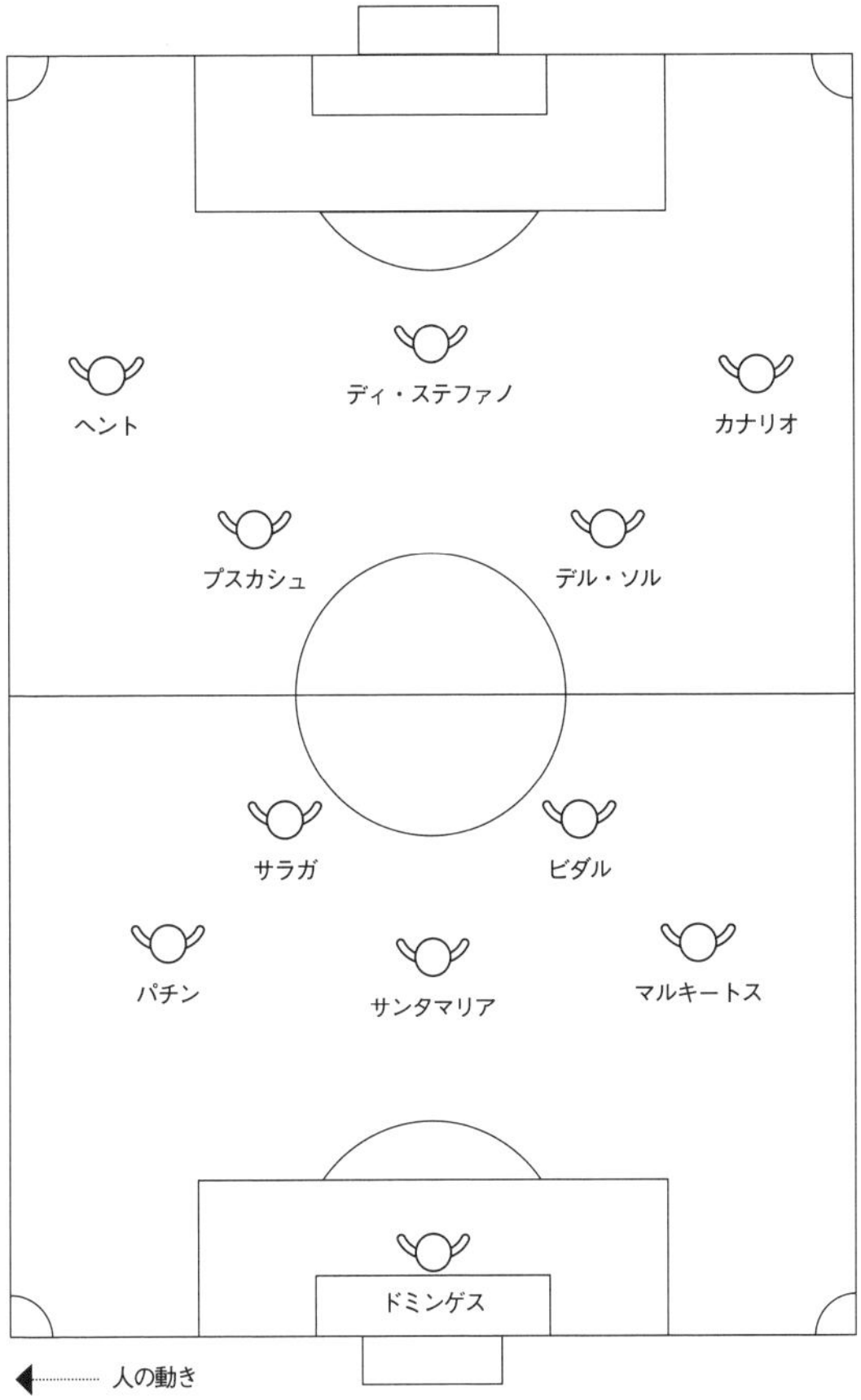

突、バルサがレアルをアウェーで2−2、ホームで2−1と競り勝っている。バルセロナはリーガ・エスパニョーラ創設時の優勝クラブであり、チャンピオンズカップが始まるころまではレアルよりも格上といっていい。ディ・ステファノが加入してレアルが優勝する前の2シーズンもリーガ・エスパニョーラを連覇していた。亡命ハンガリー人、ラディスラオ・クバラを擁する強力なチームだった。

ここで少しクバラについても触れておきたい。

ハンガリー生まれだが、両親とともにチェコスロバキアに移住してチェコスロバキア代表に選ばれ、再びハンガリーに戻るとハンガリー代表でもプレーした。当時はそんなことも許されていたのだ。ちなみにクバラはプスカシュと同い年だが、マジック・マジャールには関与していない。ハンガリーに戻った2年後、ソ連の兵隊を装って国境を越えて亡命していたからだ。第二次世界大戦の敗戦国としてソ連の管理下に置かれた母国から脱出したクバラは、イタリアのトリノでプレーする予定だった。

ヨーロッパのトップチームだった〝グランデ・トリノ〟だ。ところが、トリノはポルトガル遠征から戻る飛行機が墜落して全員が死亡してしまう（遠征メンバーで助かったのはリスボンで負傷治療中の選手だけ）。「スペルガの悲劇」だ。スペルガ教会の塔に接触したことによる事故だった。当初はクバラもこの遠征に帯同する予定だったが、私用でたまたま乗っていなかった。

トリノ入団が霧散した後、レアル・マドリーがクバラ獲得に動く。それを察知したバルセロナはサミティエールを送ってマドリードに向かう列車に乗ったクバラに酒を飲ませ、気がついたらバルセロナに連れてきたというから強奪そのものだ。亡命、契約不履行、徴兵拒否でハンガリー政府から糾弾されていたクバラに対して、FIFAは1年間の出場停止処分を科していたので、バルサでの最初の1シーズンは公式戦に出られなかった。だが、処分が解けると驚異的な大活躍をみせつけ、クバラ人気のおかげでカンプ・ノウが建設されることになる。旧スタジアムのレス・コルツ建設を決定づけた人気者ジョゼップ・サミティエール、彼が連れてきたクバラのおかげでカンプ・ノウが建ったことになる。

がっちりとした体格のクバラは、上体を左右に大きく傾ける独特のフェイントで相手を幻惑し、得点を量産するだけでなく多くのアシストも記録した。才能ではディ・ステファノ、プスカシュと並ぶ大スターだったが、レアルの2人に比べると個人プレーヤーだったといわれている。そのせいかエレニオ・エレーラ監督とはそりが合わず、ホームゲーム限定で起用された時期もあった。

やがてハンガリー動乱が起こり、クバラの仲介でゾルタン・チボールとサンドル・コチシュがバルセロナへ加入。ブラジル人のエバリストもいたバルセロナは、レアルの黄金時代である58–59、59–60シーズンのリーガを連覇している。チャンピオンズカップ参加は59–60からで、そのときは準決勝でレアルに敗れた。60－61は二度目の挑戦だった。

ちなみに、バルセロナはチャンピオンズカップに出られない時期はフェアーズカップに出場していた。55年にスタートしたフェアーズカップ第1回大会に優勝している。フェアーズカップは後のUEFAカップにつながる大会だ。その名のとおり、物産展とセットで開催されていた。第1回大会は決勝までに3年もかかっている。58年決勝はスタンフォード・ブリッジとカンプ・ノウで行われ、相手はロンドン選抜だった。バルセロナも名目はバルセロナ選抜で1人だけエスパニョールの選手が混ざっていた。第2回大会も2年がかり、バルセロナは連覇。

60－61シーズンのチャンピオンズカップにスペイン王者として参加したバルセロナだが、同時に3連覇を目指してフェアーズカップにもエントリーしていた。フェアーズカップのほうがまだUEFAの管轄外だったので、こんなこともできたのだ。ただ、ちょっと欲を出しすぎたのかフェアーズカップは準々決勝で敗れ、チャンピオンズカップもせっかくレアルを下したのに決勝でベンフィカに負け。3連覇を狙ったリーガ・エスパニョーラもレアルに持っていかれてしまう。

チャンピオンズカップでのレアルの栄光が強烈だったせいか、この時期のバルサはあまり話題にもならないが、けっこう強力なチームだった。GKはスペイン代表のアントニオ・ラマリェツ、控えGKもアルゼンチン代表（メドラノ）である。中盤にはスペイン人初のバロンドール受賞者となるルイス・スアレス。イタリアのインテルでも「グランデ・インテル」の軸となった名手だ。チボール、コチシュ、クバラのハンガリー人が並ぶアタックラインにブラジル人のエバリストもいて、豪華さではレアルにひけをとらなかった。

このバルセロナを破って60-61シーズンのヨーロッパチャンピオンになったのは、ポルトガルのベンフィカである。レアル・マドリー以外で初の栄冠だった。

ベンフィカは次のシーズンも優勝。今度は決勝でレアルを破っている。レアルの5連覇とベンフィカの連覇、ここまでのチャンピオンズカップは華やかで攻撃力のあるチームが優勝していた。フォーメーションはWMか4-2-4が主流。ハンガリー代表、レアル・マドリー、バルセロナ、ベンフィカだけでなく、スウェーデン代表組が活躍したACミラン、「ミュンヘンの悲劇」で主力を失ったがマット・バスビー監督が手塩にかけた〝バスビー・ベイブス〟のマンチェスター・ユナイテッドなど、多くの語り継がれているチームがあった。ただ、ここからヨーロッパの戦術は守備強化へと大きく舵が切られていく。

Chapter 5

カテナチオから
トータルフットボールへ

カテナチオの背景

62-63シーズンのチャンピオンズカップ決勝を争ったのは、3連覇を狙うベンフィカとACミラン。ブラジル人FWアルタフィーニの2ゴールでACミランが2-1で勝利し、イタリア初のヨーロッパチャンピオンとなった。

63-64はインテルがレアル・マドリーを下して初戴冠。次のシーズンもベンフィカに勝って連覇を達成、「グランデ・インテル」の時代が到来する。

65-66はレアル・マドリーが通算6回目の優勝。66-67にはセルティックが優勝して、ラテン勢が独占していたビッグイヤーを初めて北側へ移動させる。67-68はマンチェスター・ユナイテッドが延長の末にベンフィカを破ってフットボールの母国が初のヨーロッパ王者に。68-69はミランが二度目の優勝、決勝の相手はアヤックスだった。このミランの優勝はラテン・ヨーロッパ優勢の残り火という感じである。しばらくオランダ、西ドイツ、イングランドの時代が続き、84-85にユベントスが優勝するまで北ヨーロッパから覇権が移動することはなかった。

イタリアのカテナチオがヨーロッパを席巻したのは63年のミラン優勝に始まり、65年にインテルが連覇を達成する3シーズンだが、その後もインテルはファイナルに進出しているし、ミランは69年にも優勝しているので、そこまで含めると60年代はカテナチオの10年ということもできる。

カテナチオの源流はカール・ラパン監督が用いた「ヴェルー」にある。ヴェルーはフランス語だが、英語では「ボルト」として知られていて、イタリア語なら「カテナチオ」になる。意味はすべて同じ、門を閉ざす差し錠、閂（かんぬき）から来ている。

オーストリア人のラパンは現役時代すでに「リベロ」としてプレーしていた。DFの後方で左右に動いてカバーする動きが門を閉ざす錠の動きに似ていた。オーストリアはヴンダーチームを生み出したのと同じ時期にカテナチオの原型も生み出していたわけだ。ラパンはスイスでプレーした後、スイス代表監督などを歴任し、自身のプレースタイルを持ち込んで成功を収めた。基本はWM以前の2バックシステムだが、守備のときにはサイドハーフが下がってサイドバック化し、中央の2バックのうち1人がカバーリングを行うリベロになるというメカニズムだった。

イタリアでリベロが採用されたのは当初、下位のクラブだった。しかし、その効果が認められるようになり、やがてACミランやインテルのようなビッグクラブでも採用されるに至った。それまでの2バックやWMの3バックでは、カバーリング専門のDFは置いていない。WMのFWは5人、4-2-4でも4人いるので、よく3人で守れていたものだと思うかもしれないが、この件に関してはセサル・ルイス・メノッティ（78年ワールドカップでアルゼンチンを優勝に導いた監督）に対するディ・ステファノの答えが的を射ている。

「3バックでどうやって5人に対して守っていたのですか？」

メノッティの問いかけに、ディ・ステファノはこう答えたという。

「我々がそんなに愚かだったとでも？」

2バックの時代でも、中盤で相手のウイングプレーヤーをマークするのはハーフバック（サイドハーフ）の仕事だった。5人のFWに対して2人だけで守備をしていたわけではなく、2バック＋3人のハーフバックの計5人で対抗していた。WMの3バックでは、両ウイングとCFの3人には3バック、インサイドフォワードには2人のハーフバックがマークするので、こちらも5対5の対応である。

リベロの導入は、同数守備から数的優位の守備への変化だった。アタッカーにマンツーマンでマークして、さらに後方にマークを持たないリベロがカバーリングを行う。2バックから3バックへの移行によって、戦術は守備強化の方向へすでに流れ始めていたとはいえ、3バックの導入には1925年のオフサイドルール改正というルール変更が背景にあった。しかし、リベロの導入はルール変更とは関係なく、戦術上の理由で守備強化へ踏み込んだという意味でこれまでにない展開だった。

リベロ・システムは本格的に守備へ傾斜していく象徴といえる。

例えば、ワールドカップの試合平均得点はピークの1954年大会で5・4ゴールだった。それ以前もおよそ1試合に4ゴールは入っていた。ところが、58年には3・6ゴールに減少し、それ以降2点台を上回ったのは70年メキシコ大会の3・0ゴールのみ。最少は90年イタリア大会の2・2である。60年代から、フットボールは明確にロースコアのゲームになった。その理由はいくつかあるのだろうが、ロースコア化はリベロが普及した時期に重なっている。50年代までのフットボールは得点数を競うものだったが、60年代以降は失点の少なさを競うスポーツになったといえるかもしれない。1試合平均2点ちょっとなら、相手に2ゴールを許したらほぼ負けなのだ。無失点か、悪くても1失点で終えないと勝てないゲームになった。

その背景にはプロリーグの隆盛も関係している。イングランドでいち早くプロのフットボールプレーヤーが登場し、フランスやイタリアなどに広まっていった。観客動員も順調に増え続け、より大きな金が動くようになってくると、勝利がそれまで以上に大きな意味を持つようになる。プレーヤーのアイドル化のはしりが、50年代のマンチェスター・ユナイテッドのバスビー・ベイブスといわれている。若きダンカン・エドワーズなど、彼らはミュンヘンの悲劇で他界してしまったのだが、プレーヤーが社会的な影響力も持つようになっていった。勝てば利益が生まれ、負ければ損をする。ただベストを尽くしてプレーすれば良いというわけにはいかず、ベストを尽くして勝つ、あるいは負けを回避することがより重要になった。リスクを冒して点の取り合いをするのではなく、リスクを抑えて確実に勝つ、あるいは引き分ける戦い方が増えていくのは避けがたい流れだったのかもしれない。

ミランとインテル

リベロは保険だった。相手のアタッカーを厳重にマークし、そこを突破してもまだリベロが待ち構えていて、当然GKもいる。同数で守っているころは、マークする相手だけでなく味方のカバーも考えなければならなかったが、リベロの導入によってマークの徹底も可能になった。得点が入りにくくなるはずだ。

ACミランはイタリアの強豪で、50年代は「グレ・ノ・リ」と呼ばれたスウェーデンのトリオが有名だった。グンナー・グレン、グンナー・ノルダール、ニルス・リードホルムの3人は1948年ロンドン五輪優勝メンバーで、いわば後のダッチ・トリオ（フリット、ファン・バステン、ライカールト）の先駆けである。ミランは55、57、59年にリーグ優勝を成し遂げている。チャンピオンズカップでも58年のファイナルに進出、もう少しでレアルの牙城を崩せるところまで迫ったが、ヘントの一撃を食らって優勝を逃していた。このころのミランは攻撃的なプレーぶりだった。

61年にネレオ・ロッコがミランの監督に就任する。61−62シーズンでさっそくスクデットを獲得すると、62−63はチャンピオンズカップ優勝。次のシーズンからトリノを4シーズン率いた後、67年にミランの監督に復帰するとリーグ優勝、さらに2回目のチャンピオンズカップ優勝という第一次政権と同じサイクルを実現した。

ロッコ監督はリベロを起用し、マンマークで相手のアタッカーを厳重にマークさせた。強豪クラブによるカテナチオだ。ただ、ミランに攻撃力がなかったわけではない。最初にヨーロッパ王者となった63年はブラジルの名手ジノ・サニと若き天才ジャンニ・リベラを中盤に配し、前線にはジョゼ・アルタフィーニがいた。ただ守るだけではなく、強力なカウンターアタックを仕掛けている。

トータルフットボールの確立前とはいえ、ヨハン・クライフやピート・カイザーがプレーするアヤックスを4−1で粉砕した69年も基本的に同じ戦術だった。決勝のアヤックス戦では4人のFWに対して4人のマークをつけ、もちろんリベロが背後をカバーしている。中盤にも守備的なプレーヤー（ジョバンニ・ロデッティ）を配置。攻撃は3人のFWと、彼らを操る「超頭脳」のリベラという編成である【図7】。

3トップの右はスウェーデン歴代ベストプレーヤーの1人、クルト・ハムリン。CFはブラ

図7　1969年のACミラン

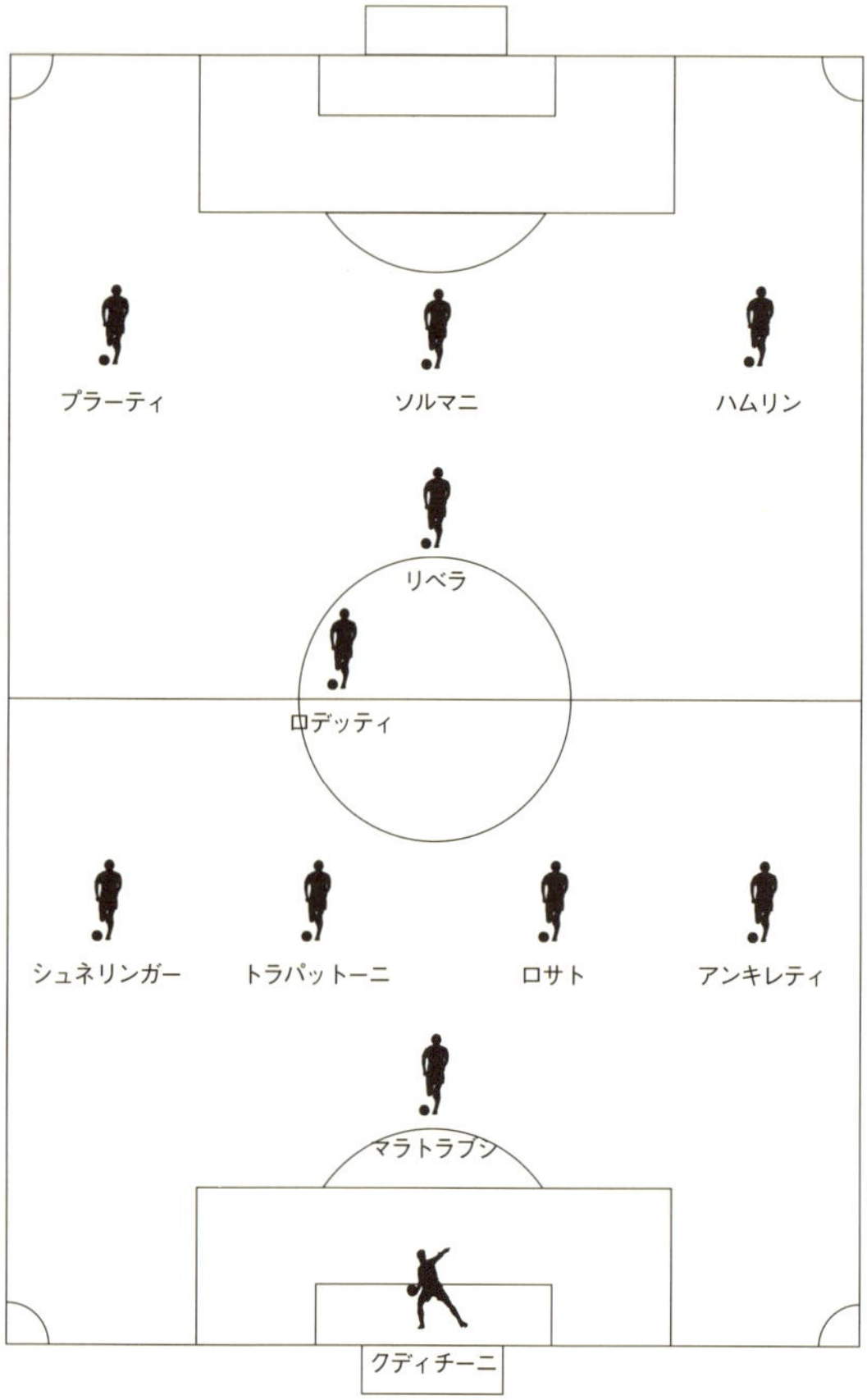

ジル人のアンジェロ・ソルマニ。サントスでは名ウイングとして名を馳せたペペの控えだったが、イタリアへ渡ってから頭角を表し「白いペレ」と呼ばれた。62年ワールドカップではイタリア代表としてプレーしている。左のピエリコ・プラーティはスピードと得点力を備えたイタリア代表選手で、同じ時代にルイジ・リーバがいなければワールドカップでも活躍していたかもしれない。チャンピオンズカップ決勝でハットトリックを達成したのはディ・ステファノ、プスカシュ、プラーティだけだ。

63年と69年のファイナル、両方にプレーしたのはジョバンニ・トラパットーニとジャンニ・リベラ。トラパットーニはむしろ監督として有名になるが、69年の決勝はクライフのマーク役だった。リベラは20年近くミランでプレーしたクラブの象徴的存在である。

アレッサンドリアのユースで育ち、トップデビューは何と15歳。次のシーズンにはミランが背番号10のユニフォームを用意して迎え入れた。リベラはとびきりエレガントなプレーメーカーだ。ただ、体も大きくないしフィジカルも強くない。技巧とセンスで勝負するタイプで、後のアンドレア・ピルロによく似ている。ミランのメンバー構成は前後に二分されていて、中盤でゲームを作る仕事はリベラに一任する形になっている。後方はリベロ＋4人のマーク役、前方は3人のFW。その間にいるのはリベラとロデッティだが、ロデッティはいわゆる「水を運ぶ人」で運動量と守備で中盤を支えるタイプである。構造的にリベラは唯一で不可欠な存在だったといえる。

カウンターアタックはFWのスピードや技術もさることながら、そこへパスを供給するプレーヤーによって左右される。ぎりぎりのコースを通してピタリと届ける正確でタイミングのいいパス、DFの逆をつく意外性のあるパス、ときにはドリブルで相手を引きつけて味方をフリーにするなど、リベラの才能がミランのカウンターアタックを有効にしていた。カウンターでは敵味方とも動いている。DFは動くと必ず守れない場所ができる。とくにボールホルダーに背中を向けて走っている場合などは、カカトすれすれのところをボールが通過しても反応できない。リベラはそうしたDFの死角をよく見ていて、針穴を通すようにパスを味方へ届ける能力があった。

ミラン優勝の翌年に初優勝したインテルは、その次のシーズンも勝って連覇を達成している。この時代の名将エレニオ・エレーラ監督が率いていた。

エレーラは異色の監督だ。この時代には異色のキャリアの持ち主が多いのだが、5カ国のパスポートを持っていたのはエレーラぐらいだろう。アルゼンチン生まれのモロッコ育ち、フランスでプロデビューし、スペインで監督として成功、イタリアで「グランデ・インテル」を誕生させた。スペインではバルセロナを率いていたがそのときに2シーズン連続でリーグ優勝しながら解任されている。チャンピオンズカップでレアル・マドリーに敗れたことでファンから解任要求をつきつけられたのだ。

スペイン時代のエレーラ監督は攻撃型のチームを作っていた。バルセロナを追われてインテルの監督に就任した当初も攻撃的な戦術を用いていたが成績が伴わず、会長から守備強化を厳命されたという。それ以降はカテナチオでイタリアとヨーロッパ、インターコンチネンタルカップも制する黄金時代を築くわけだが、インテルもミランと同じくただ守っているだけのチームではなかった。

「守備だけなら、どんな奴でもできるさ」

エレーラはそう言っている。実際、インテルはカウンターアタックに威力があった。

フォーメーションは独特だ【図8】。カテナチオの象徴であるリベロはアルマンド・ピッキ、ロングフィードが正確なカバーリングバックだった。マーク要員はアリスティード・グアルネーリが中央、右のサイドバックがタルチシオ・ブルグニチ、左がジャチント・ファケッティ。この3人にMFカルロ・タニンを足した4人がマーク担当なので、守備陣は計5人ということになる。中盤のセンターにはバルセロナからエレーラ監督とともに移籍してきたルイス・スアレス。ロングパスの名手で「建築家」と呼ばれたプレーメーカーだ。

60年にはスペイン人初のバロンドールも受賞した。ルイス・スアレスといえば現在はバルセロナのFWのほうが有名だろうが、歴史的な格からいえばスペイン人のルイス・スアレスのほ

図8　グランデ・インテル

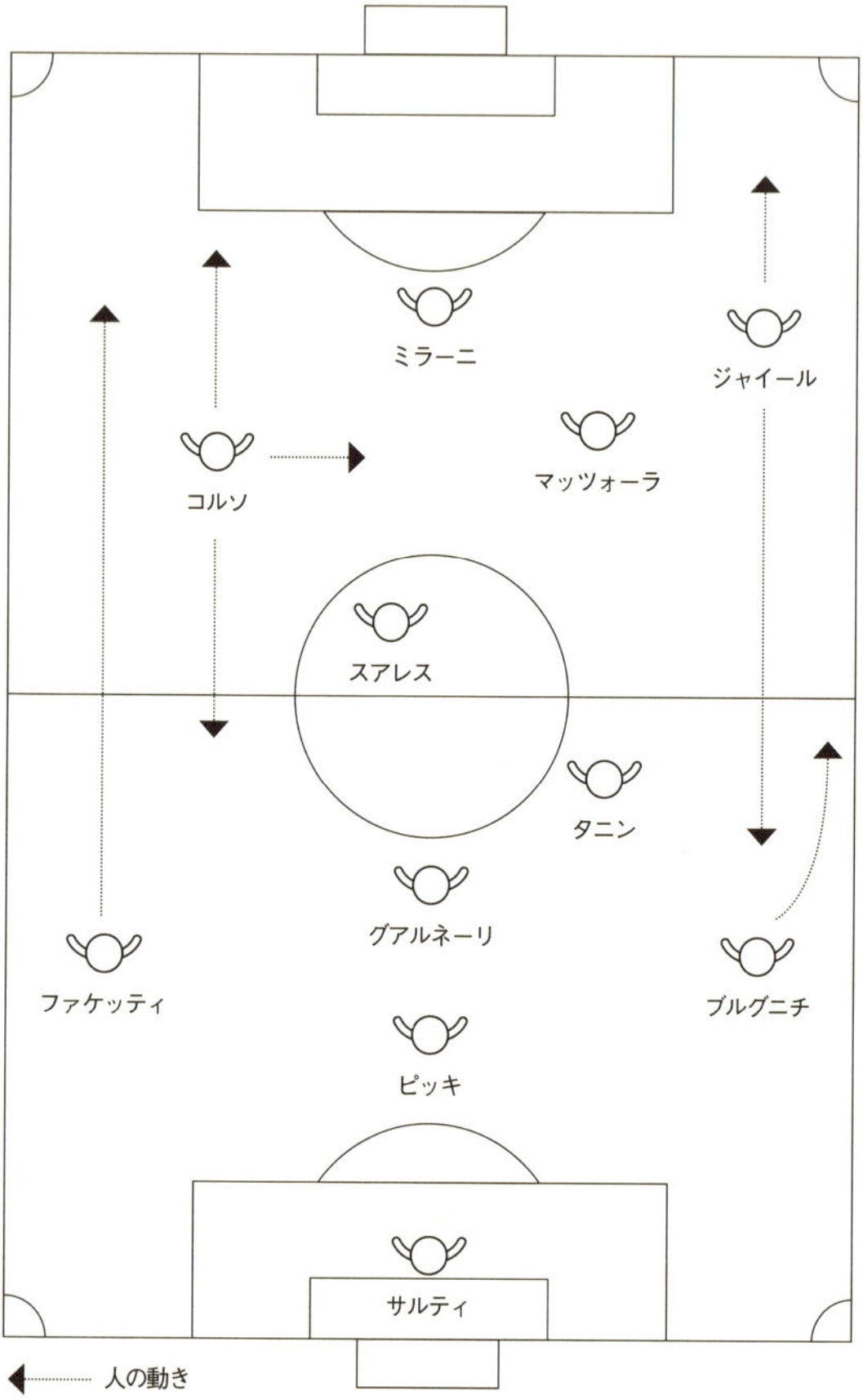

ミラーニ
ジャイール
マッツォーラ
コルソ
スアレス
タニン
グアルネーリ
ファケッティ
ブルグニチ
ピッキ
サルティ
人の動き

うが上である。典型的な司令塔、イタリアでいうレジスタだった。

前線の構成が変わっている。いちおうウイングとして右にジャイール、左にマリオ・コルソがいるが、この左右のウイングは非対称だった。右のジャイールはタッチラインに沿って上下動を繰り返す。現在ならウイングバックかサイドハーフのように縦に大きく動いている。スピードがあり、カットインしての左足のシュートも得意だった。一方、左のコルソはどこがオリジナル・ポジションなのかわからないぐらい広範囲に動く。左に張っているかと思えば中盤深くまで引き、逆の右サイドにしばらく留まることさえある。左利きの強シューターだが、とらえどころのない神出鬼没のプレーヤーだ。このウイング非対称はブラジルの4－2－4とよく似ている。ただ、ブラジルと違うのは2人ともワーキング・ウインガーなのだ。動き方は異なるものの、ジャイールとコルソはともに運動量抜群だった。

エースはインサイド・ライトのサンドロ・マッツォーラ。グランデ・トリノのエースだったバレンティノ・マッツォーラの息子である。父親は「スペルガの悲劇」で若くして亡くなってしまったが、その才能は受け継がれていたわけだ。マッツォーラはいちおう背番号8のインサイド・ライトになっているが、今日でいうところのトップ下である。細身のテクニシャンだがスピードがあり、得点力も高かった。プレーメーカーとストライカー、両方の資質を持っていて、イタリア代表では「リベラかマッツォーラか」はよく議論されていた。

ＣＦのアウレリオ・ミラーニは数々のクラブを渡り歩いている。アタランタ、サンプドリア、フィオレンティーナなど長くて2シーズンで移籍を繰り返した。インテルでも2シーズンしかプレーしていないが、ちょうどその2シーズンが63〜65年のインテル全盛期だった。１８２センチは当時としてはかなりの長身で空中戦に強かった。スピード、キープ力、パワフルなシュート力とひととおりこなせる器用さもある。エレーラ監督にとっては使い勝手のいいタイプだったはずだ。守備もさぼらないし、マッツォーラやジャイールにスペースを空けてやるチームプレーも厭わなかった。

インテルは守備に人数をかけているので堅固な守備力は当然として、カウンターアタックに特徴があった。左サイドバックのファケッティは攻撃するサイドバックの先駆けである。深く引いて守った後のカウンターでは、ポジションにかかわらず、そのときに有利なプレーヤーが前へ出られると効果が上がる。当時はＤＦが攻撃に参加することはあまりなかった。フルバックと呼ばれていたように、サイドバックはほぼ守備専門だったのだ。エレーラは走力と技術のあるファケッティを参加させることで、カウンターの効率を上げている。守備から攻撃へのトランジションをスムーズに、ダイナミックに変えた。攻撃する左サイドバックはイタリア代表でも採用され、この役割はファケッティからアントニオ・カブリーニ、パウロ・マルディーニと受け継がれ、アズーリの花形ポジションになった。

おそらく右のブルグニチも機能性としては左のファケッティと同じだったと思う。ただ、こちらがそれほど有名にならなかったのは、本人の資質がそこまで攻撃向きではなかったからだろう。ブルグニチの前面には常にジャイールがいたせいもある。ファケッティと左サイドを組むはずのコルソは神出鬼没なので、ファケッティが攻め上がるスペースも空いていた。エレーラ監督はそのあたりも計算して組み合わせていたかもしれない。

インテルはカテナチオの威力を世界に知らしめた。そのせいでカテナチオ＝インテルの印象もあり、69–70シーズンのチャンピオンズカップ決勝でセルティックに敗れたときは、「フットボールの勝利」と報道された。カテナチオは勝つためだけに、自分たちの利益のためだけにプレーする、観客を置き去りにした堕落したフットボールと目されていた。「アンチ・フットボール」という言葉も流行していた。だが、エレーラに言わせると、

「コピーの出来が悪かったからだ」

インテルをコピーした多くのチームは、その守備戦術を真似ただけだったというわけだ。これは90年代にACミランを真似てプレッシング戦術の劣化コピーが流布していったのと同じ現象といえる。エレーラ監督のプロフェッショナリズムも違和感があったのかもしれない。禁酒禁煙を徹底させ、食事の管理、就寝時間の厳守、試合の2日前から集合して合宿を行うなど、当時としては新しい選手管理法を次々と実行した。エレーラはプロ監督のイノベーターであり、

金銭面でも史上最高の給料をもらっていたという。ザ・プロフェッショナルだ。インタビューに金銭を要求した最初の監督ともいわれている。

そうしたプロフェッショナリズムの結果としてインテルは大きな成功を収めたわけだが、カテナチオ出現以前のゲームと比べるとゴール数は少なく、1−0でも勝ちは勝ちというスタイルが反感を持たれていた。仕事としてのフットボール、勝ってボーナスを得ればオーケーの観客無視のフットボールとして、カテナチオは嫌悪の対象になっていった。

ただ、ミランやインテルは守っているばかりではなく、鋭いカウンターアタックによる効率的な勝利を達成していたわけで、現在ならむしろ称賛の対象かもしれない。カテナチオの印象を悪くしたのは、エレーラの言うとおり劣化コピーのせいだったのだろう。

カテナチオは、その直後に現れるトータルフットボールとは対極のフットボールである。ただし、戦術的には類似点も多く、ミランやインテルの手法がかなり採り入れられているのは事実なのだ。ポジションに関係なく有利な者がトランジションを先導すること、流動的な攻撃、リベロの存在など、オランダや西ドイツとの共通点は少なくない。

攻撃するリベロ

68–69チャンピオンズカップ決勝でミランに大敗したアヤックスだが、70–71では優勝を果たしている。そこから3連覇を達成、トータルフットボールの到来となる。アヤックスが優勝する前シーズンにはフェイエノールトがオランダ勢初の優勝を成し遂げていた。また、アヤックスの後には西ドイツのバイエルン・ミュンヘンが3連覇する。70年代前半はオランダと西ドイツの時代だった。

時系列ではオランダ（アヤックス）の台頭のほうが先なのだが、カテナチオからの進化という流れで西ドイツを先に取り上げることにする。

攻撃するリベロが誕生した。

従来のリベロはDFの後方にいるカバーリングバックであり、「自由人」の名称はたんに特定のマークを持たないことを意味しているだけだった。もちろんチャンスがあれば攻め上がることもあったし、残り時間わずかで1点がほしい場合にリベロが前線に上がるのは珍しいことではなかった。今日、GKが相手ゴール前へ出て行くのと同じ理屈だ。ただし、常に攻撃に加わるリベロはいなかった。

攻撃するリベロのパイオニアはフランツ・ベッケンバウアー。ドイツ史上最高のプレーヤーであり、フットボール史上でも屈指のスーパースターだ。

十代のころからドイツの将来を背負って立つ才能として注目された。日本代表チームのコーチも務めたデットマール・クラマーは「ドイツの将来」として、日本の選手たちにベッケンバウアーを紹介していたそうだ。ユース時代はCFとしてプレー、西ドイツ代表として20歳でデビューしたころにはMFだった。バイエルン・ミュンヘンではすでにリベロとしてプレーしていたが、やがて西ドイツ代表でもリベロを任されるようになり、72年のネーションズカップ（現在のユーロ）で優勝して、その画期的なプレースタイルが注目を浴びることになる。

リベロはDFとGKの間にポジションをとり、カバーリングを行うポジションだった。マークを持っていないので攻撃のときはフリーになりやすい。ベッケンバウアーはそれを利用して攻撃に出て行った。DFの攻撃参加はインテルのファケッティという例がすでにあったわけだが、ベッケンバウアーの攻撃するリベロはそれとはスケールが違っている。まず、ベッケンバウアーは後方のボール確保に根本的な違いをもたらした。すでにMFとして世界最高クラスの名声を得ていたプレーヤーであり、ベッケンバウアーにボールを預ければまず奪われる危険はない。相手FWにプレッシャーをかけられても、パスやドリブルで難なく外せる。いざとなれば当時はまだGKへのバックパスが許されていたということもある。相手にプレッシャーをかけられたらロングボールで回避するのではなく、ディフェンスラインでパスを回して確保する。ベッケンバウアーの存在によって、後方からゲームを作ることが容易になった。

ベッケンバウアーは最後尾でビルドアップの中心となり、さらにもう1つポジションを上げて中盤に進出する。そこから正確なロングパスでウイングを走らせるのは1つのパターンだったが、そこからさらにFWの近くまでポジションを上げてスルーパスを通し、壁パスで突破してシュートを放つのも得意としていた。守備のときには従来どおりの役割だが、攻撃になるとプレーメーカーに変身し、フィニッシュにまで絡んでいく。フィールドの縦軸を完全に支配するプレースタイルであり、こんな選手はそれまでいなかった。ディ・ステファノはCFから中盤に下がる形で広範囲にフィールドを支配したが、ベッケンバウアーは逆の方向からそれ以上の影響力を行使したといえる。サイドバックがトランジションで優位性を作ったというのとは全くスケールが違う。リベロが全面的にフィールドを支配するという根本的な変化だった。

72年のネーションズカップを制した西ドイツには、攻撃するリベロだけでなく数々の新しいアイデアが織り込まれている。

ベッケンバウアーの攻撃するリベロは、すでにドイツ国内では有名だった。バイエルンのライバルだったボルシア・メンヘングラッドバッハでは一時的にギュンター・ネッツァーが攻撃するリベロを務めていた。本来は中盤のプレーメーカーであるネッツァーを後方へ下げたのはボルシアMGのチーム事情だが、西ドイツのヘルムート・シェーン監督はそこからヒントを得て、いわば2人の攻撃するリベロを現出させている。

深いポジションでベッケンバウアーとネッツァーが連係し、一方が前へ出たらもう一方が後方へ残る。後方の司令塔が2人いて、どちらもそこから前へ出てくるが、そのときどきでどちらが来るか相手にはわからない。ベッケンバウアーとネッツァーは深い位置で距離を縮めてパスを交換し、どちらかフリーになったほうが前方へ進出して攻撃のタクトを握っていた。ベッケンバウアーとネッツァーは、ともに70年代を代表する名プレーメーカーであり、相手にとってはどちらもマークを緩めたくないのだが、どちらかは必ずフリーになってしまうのだ。

ファケッティを伝承したのは、むしろ他のDFである。西ドイツのDFは攻撃になると、どんどん前方へ進出していった。ファケッティの攻撃参加に効果があったのは、まさかDFが攻撃してくるとは相手が考えていなかったからだ。ファケッティは前に出ればフリーになれた。その後、DFの攻撃参加は戦術的な流行になっていき、それに伴ってFWの守備意識も変わっている。DFが攻撃することもあるとわかれば、フリーにしないよう今度はFWがマークしなければならない。それが徹底されていたわけではないが、従来とはかなり意識は変わっている。ただ、西ドイツのDFの攻撃意欲は相手の予想を超えていたと思う。とくに左サイドバック、パウル・ブライトナーの攻撃参加頻度は異常なほどで、ときに右ウイングのポジションまで移動するなど行動範囲の自由さはリベロのベッケンバウアーをも超えていた【図9】。

バイエルンの若手として注目されていたアフロヘアのブライトナーは、もともとMFが本職。74年ワールドカップまでは攻撃的サイドバックとして鳴らしたが、82年ワールドカップのとき

図9　1974年W杯の西ドイツ

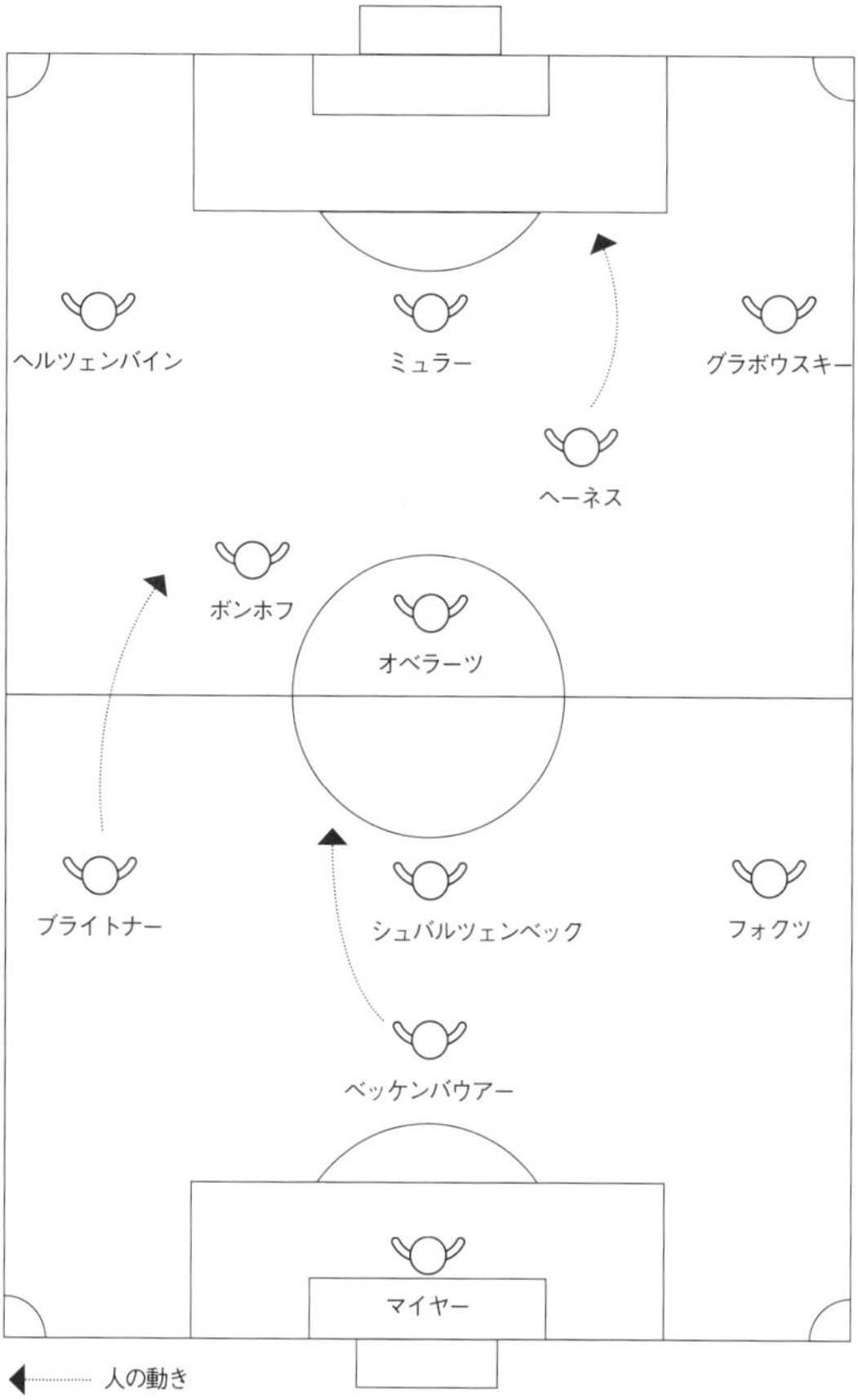

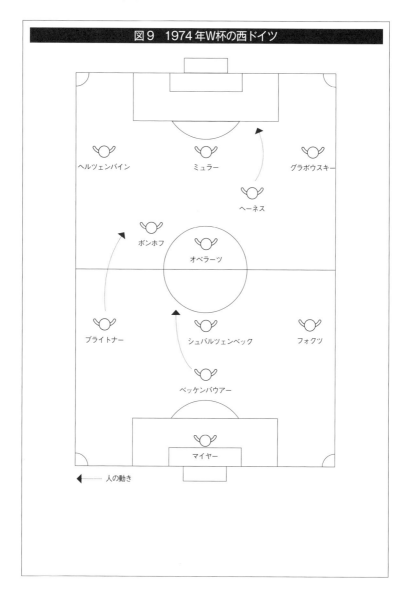

は純然たるプレーメーカーになっている。テクニック、インテリジェンス、スピード、運動量を高次元で兼ね備えた逸材。対戦相手のＦＷはサイドバックのブライトナーにマークされているより、マークしている時間のほうが長かったかもしれない。

ブライトナーほど自由奔放ではないが、ストッパーのゲオルク・シュバルツェンベックもかなり前へ出ている。「鉄の男」と呼ばれた屈強なセンターバックなのだが、足下の技術も意外と柔らかく、試合によってはベッケンバウアーより攻撃参加頻度が高いぐらいだった。「火の玉小僧」と恐れられたマンマークのスペシャリスト、ベルティ・フォクツもタイムリーな攻撃参加で知られていた。シュバルツェンベックやフォクツは基本的に守備の選手なのだが、マーク相手を置き去りにして攻撃することを奨励されていたのだろう。

守備から攻撃に切り替わった瞬間にＤＦが躊躇なく攻撃することで、トランジションの優位性を得る。それでフリーマンを作れなくてもリベロのベッケンバウアーがフリーマンとして振る舞い、ベッケンバウアーがマークされれば他のプレーヤーが取って代わる。もう1人のリベロとしてネッツァーがいた72年は効果絶大だった。

ＤＦが攻撃すれば、攻撃から守備に切り替わったときには置いてきたＦＷがフリーになってしまうリスクがある。ＤＦがマークを捕まえきるまでの間は、ＭＦやＦＷがマークを肩代わりしなければならない。一時的な措置とはいえ、相手のエース級をマークすることもあるので、

MFやFWにもそれなりの守備力が求められた。70年代は「オールラウンドプレーヤー」という言葉が流行している。ベッケンバウアーはその理想像だが、他のプレーヤーも攻守両方をこなさなくてはいけない事情があったわけだ。

攻守の切り替えが頻発する試合展開になると、オリジナル・ポジションへ戻れないままゲームが進行していくこともある。フィールドがそうしたカオス状態のときは、本来は自由人であるはずのベッケンバウアーが最後尾で監視員のように目を光らせ、味方の穴埋めや整理整頓を行った。さほど攻撃力のないDFが自由に攻撃し、MFが入れ替わりに相手のFWをマーク、ベッケンバウアーは混乱が静まるまで最後尾に待機…これでは本末転倒なのだが、そうなってしまうケースもあった。74年ワールドカップのグループリーグで東西ドイツ対決が実現し、西は東に敗れてしまうのだが、その試合がカオス状態である。ゲームのテンポが上がりすぎてトランジションが頻発しすぎていた。

全員が本当にオールラウンドプレーヤーならば、ポジションがどんなに入れ替わろうとも問題はない。それはまさにトータルフットボールであり、ある意味かつてハンガリーが提唱した「社会主義のフットボール」だろう。しかし、現実にはプレーヤーにはそれぞれ得手不得手がある。個々のスペシャリティを生かすことが第一で、そのうえで可能なかぎりポジションを入れ替えられるオールラウンド性を身につけるというのが、実際の落としどころだった。

リベロを起用しているので、形のうえでは西ドイツもカテナチオと変わらない。ただ、そのリベロが攻撃でも重要な役割を担い、マーク役のDFも積極的に攻撃に参加した。形は同じでも考え方も機能性もカテナチオとは違う。マークすべき相手を捨てて攻撃に転ずる、リスクを冒す姿勢は、ノーリスクのカテナチオとは全くの別物なのだ。カテナチオとは対極であり、西ドイツのリベロ・システムはオランダと並ぶトータルフットボールの双壁だったといえる。

70年代にはベッケンバウアーの出現によって、攻撃するリベロを採り入れるチームが増えている。レアル・マドリーはプスカシュの後継者として10番を付けていたピリをリベロへコンバートした。プレーメーカーをリベロに据えて、ベッケンバウアー・スタイルでパスワークの軸にしようというアイデアである。さすがに本家を超えるリベロはいなかったが、××のベッケンバウアーは世界中で量産された。

Chapter 6
オランダのトータルフットボール

ヴンダーチームの継承者

トータルフットボールという言葉は、オランダやアヤックスだけに用いられていたわけではない。同時期の西ドイツもトータルフットボールと呼ばれていて、70年代に流行した言葉だった。オランダ以前にもトータルフットボールの原型はあり、オランダ以降もその流れを汲むチームや傍流もあわせて多くのトータルフットボールが存在する。しかし、やはり本家はオランダだ。

トータルフットボールの決定版といえば、1974年西ドイツワールドカップで準優勝したオランダ代表になる【図10】。

リヌス・ミケルス監督が率いた「時計じかけのオレンジ」は、アヤックスとフェイエノールトのプレーヤーで構成されていた。同時期の西ドイツがバイエルン・ミュンヘンとボルシアMGが中心になっていたのと同じで、もう少し遡ればホンベドとMTKのハンガリーがそうだったように、1つか2つのチームからの選抜はチームプレーという点で有利である。一方で、かつてのイングランドのように代表は選抜チームであり各ポジションのベストプレーヤーを揃えることが重要で、クラブが異なっていても関係ないという考え方もある。強い個人を集めれば

図10　1974年W杯のオランダ

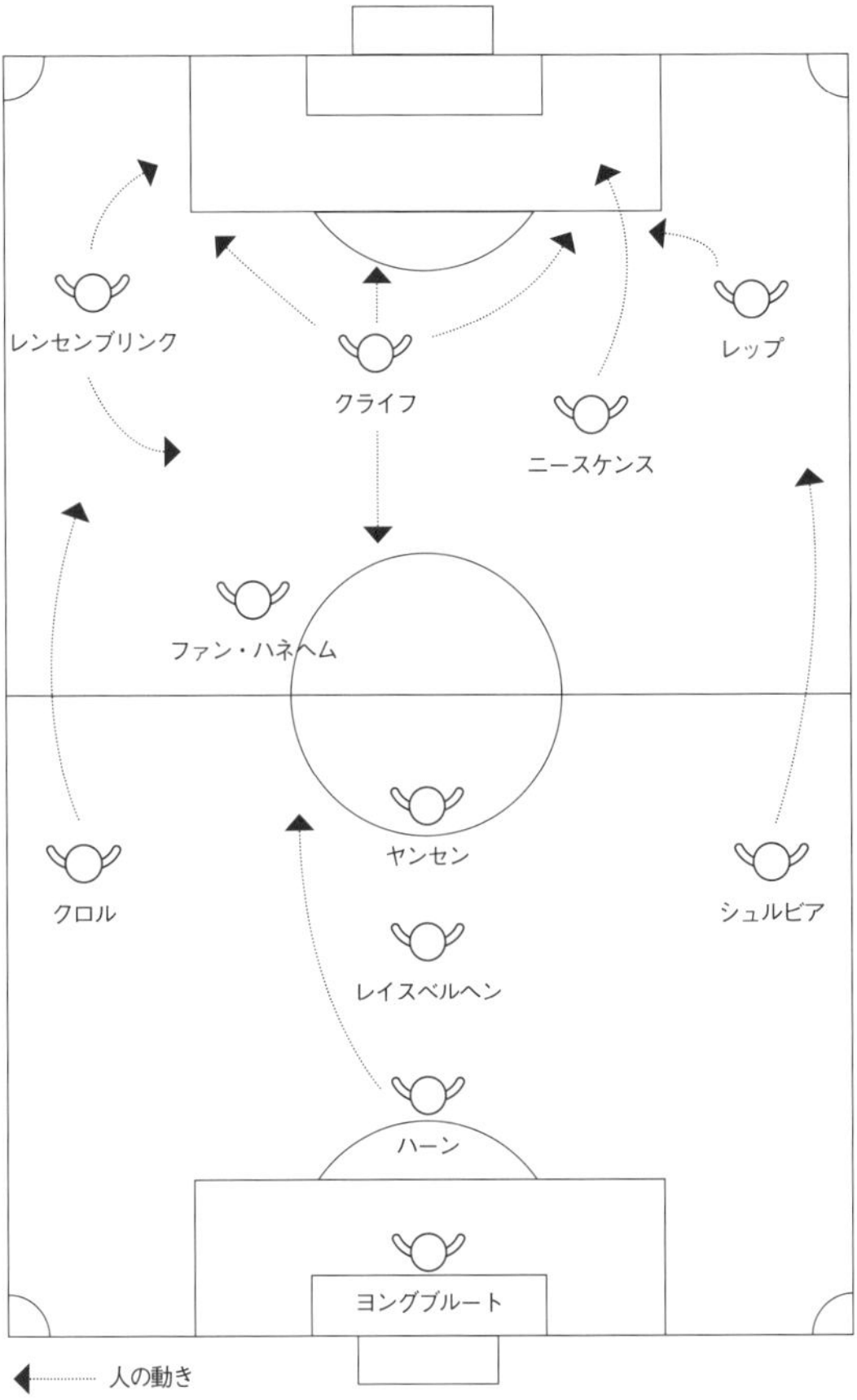

強いチームになる、この考え方も間違ってはいない。ただ、そこにチームワークという考え方は希薄だ。チームはたんなる個の集合体ではないという立場をとったのがハンガリーであり、オランダも結果的にその路線を踏襲していた。

結果的に、というのは、オランダ国内で代表に選出されるようなプレーヤーは、国内の二強であるアヤックスとフェイエノールトに集まっていたからだ。これはハンガリーのように国策的にそうしたのではなく、たまたまそうだったにすぎない。

22人のメンバーの内訳をみると、最大派閥はフェイエノールトの7人で、アヤックスはそれに次ぐ6人。その他のクラブが9人（PSVアイントホーフェン3人、FCトウェンテ2人、ブリュージュ、アンデルレヒト、FCアムステルダム、バルセロナが各1人）。しかし、レギュラーメンバーとなるとバランスが変わる。アヤックスはハーン、シュルビア、クロル、ニースケンス、レップの5人、フェイエノールトはレイスベルヘン、ヤンセン、ハネヘムの3人。残りの3人はクライフ（バルセロナ）、レンセンブリンク（アンデルレヒト）、ヨングブルート（FCアムステルダム）だが、クライフは元アヤックスなので彼もアヤックスに含めると、スタメンの6人がアヤックスということになる。

最大派閥だったフェイエノールトは69-70シーズンのチャンピオンズカップ優勝チームだ。レギュラー組の半分を占めたアヤックスは、フェイエノールトが優勝した次のシーズンから3

連覇している。つまり、69〜73年までの4年間はオランダの2クラブがヨーロッパの頂点に君臨していたわけだ。代表メンバーがアヤックスとフェイエノールトの合体になるのは無理もない。

その中で異彩を放っているのがFCアムステルダム所属のGKヤン・ヨングブルートだろう。74年大会時点で33歳、チーム最年長だった。ヨングブルートはペナルティーエリアを飛び出して広範囲をカバーするGKで、その特徴を買われて抜擢されている。その理由は後述するが、DFの背後をカバーできるGKが必要だったからだ。そもそもヨングブルートはグローブをはめていなかった。当時のGKとしては、素手でプレーする人もいないわけではなかったのだが、ヨングブルートがグローブを使っていないのはそのプレースタイルを象徴しているようにみえたものだ。

もう1人、アヤックスでもフェイノールトでもない重要なプレーヤーにロブ・レンセンブリンクがいる。ワールドカップ時はベルギーのアンデルレヒトでプレーしていた。左利きのレフトウイング、背格好とプレースタイルはクライフに似ている。4年後の78年大会ではエース格になっていた。74年大会ではアヤックスのピート・カイザーが当初のレギュラーだったが、大会途中でポジションを奪っている。

ヨングブルートとレンセンブリンク以外だと、レネ・ファン・デ・ケルクホフとビム・ファン・デ・ケルクホフの兄弟がPSVの所属、彼らは交代選手として起用されていた。それ以外の主要メンバーはアヤックスとフェイエノールトだ。

この2チームはライバルだが共通点も多い。先にヨーロッパチャンピオンになったフェイエノールトを率いていたのはエルンスト・ハッペル監督、オーストリア人だ。ラピッド・ウィーンの名選手で攻撃型のセンターハーフだった。ヴンダーチームの世代ではないが、54年ワールドカップではオーストリア代表で活躍して3位、58年もプレーしている。監督としてはオランダのADOデン・ハーグ、フェイエノールトを指揮して成功。その後はベルギー、西ドイツ、オーストリアでもリーグ優勝した。チャンピオンズカップを異なるクラブで二度優勝した最初の監督であり（70年フェイエノールト、83年ハンブルガーSV）、史上最高クラスの監督の1人と評価されている。ハッペルは78年ワールドカップでオランダの指揮を執り、準優勝だった（優勝はアルゼンチン）。

アヤックスのほうはリヌス・ミケルス監督が率いていて、チャンピオンズカップ決勝進出はフェイエノールトより早い68‐69シーズンだが、そのときはACミランに1‐4で大敗している。70‐71ではギリシャのパナシナイコスを破って優勝（ちなみにパナシナイコスの監督はあのプスカシュ）、次のシーズンはバルセロナの監督に就任した。74年ワールドカップでオランダの指揮を執っていたときはバルセロナの監督と兼任だった。

「我々の前にはヴンダーチームがあった」

と、ミケルスは回想している。ミケルス自身はアヤックス・スタイルの基礎を築いたジャック・レイノルズ監督の指導を受けていて、それがトータルフットボールにつながるのだが、ヴンダーチームという理想像は持っていたようだ。ハッペルのほうはオーストリア人であり、ヴンダーチームの影響はそれなりにあったと思われる。奇しくも30年代のヴンダーチームの流れを継承する2人の名監督がフェイエノールトとアヤックスを作り上げ、それぞれが74年と78年に率い、どちらも開催国に敗れて準優勝したことになる。

時計じかけのパスワーク

トータルフットボールを普通に定義すると、ポジション互換性の高いフットボールということになる。GKを除くすべてのフィールドプレーヤーが、それぞれ攻撃、守備を同等に行い、それにともなうポジションチェンジをスムーズに実行できる、全員攻撃全員守備のフットボールだ。

もう少し噛み砕くと攻撃はパスワーク、守備はプレッシングが最大の特徴である。

パスワークについては、ヴンダーチームの土台を作ったジミー・ホーガンのエピソードを想起せずにいられない。力一杯キックさせたボールを、ピタピタと止めるデモンストレーションを行ったという。パスワークの原点がボールコントロールにあると教えた。

ボールは丸い。材質はずいぶん変化しているけれども、ホーガンの時代も今もボールが球体であるのは同じだ。そして、丸いボールの性質も同じである。ホーガンがみせたデモンストレーションは魔法のように見えたかもしれないが、それはマジックでも何でもなく物理現象だ。常にそれができるようにするには、もちろんトレーニングが必要だが、ホーガンのデモンストレーションは強い説得力を持っていたに違いない。

70年代はすでにリベロが普及していて、つまりアタッカーはすべてタイトにマークされていた。パスを受けるにはマークを外していなければならない。しかし、パスが自分に向かって「いつ」出てくるのか、その瞬間がわからないとマークを外すべきタイミングを計れない。自分のタイミングでマークを外して瞬間的にフリーになったとしても、そのタイミングでパスが出てこなければ再びマークされてしまう。だからボールをピタリとコントロールすること、最短時間でパスを出せる技術をチームで共有しておくことが重要になる。それができれば、そのタイミングでマークを外してパスを受ければいい。受け渡しのタイミングがチームとして共有できる。また、それによって狭いスペースでもパスを回すことが可能になり、チームとしてボールを確実にキープする、つまりボールポゼッションの安定した攻撃ができる。

現実にはボールコントロールの技術には個人差がある。特定のプレーヤーを経由しないとボールポゼッションが安定しないのは、ほとんどのチームでみられる現象だ。プレーメーカーは一種の専門職で、例えばディ・ステファノ、あるいはボビー・チャールトン、ジャンニ・リベラのような特別なプレーヤーを経由することで攻撃を形作っていた。しかし、特定のプレーメーカー頼みの攻撃ではトータルフットボールにはならない。どこからでも、誰からでも、攻撃できるのがトータルフットボールのタテマエなのだ。つまり、トータルフットボールを実現するには、パスワークに関して、少なくとも止める技術については、全員が一定以上の水準にならなければならない。多少のばらつきはあるにしても、ある程度以上のレベルに収まっている必要がある。

1974年のオランダについていえば、ヨハン・クライフとビム・ファン・ハネヘムが最高の技術者だ。彼らはそれぞれアヤックス、フェイエノールトのコンダクターだった。しかし、この2人だけが頼りだったのではなく、他のプレーヤーもコントロールの技術は一定水準以上にあり、誰がボールをコントロールしていても周囲がタイミングを計って動けるレベルだった。タイミングについていえば、すべてがダイレクトパスならばマークを外すタイミングを計るのは簡単である。ただ、容易に想像できるように、すべてのパスワークをダイレクトで行うのは難しい。ダイレクトパスが技術的に難しいというより、そのタイミングを読まれたときに変更が利かないとミスの続出になりかねないからだ。コントロール&パスこそ、パスワークにおいて絶対的に重要であり、それがあればダイレクトパスも生きてくる。

ところで、オランダが「時計じかけのオレンジ」と呼ばれたのは、ユニフォームの色がオレンジだったからだ。アンソニー・バージェスのディストピア小説である「時計じかけのオレンジ」（A CLOCKWORK ORANGE）は、スタンリー・キューブリック監督が映画化してヒットした。近未来を描いた作品と、オランダのフットボールが感じさせる未来性に重なるところがあったのかもしれない。「時計じかけ」そのものが意味する、正確に刻まれるリズムがオランダのパスワークを表していたともいえる。

74年のオランダはフットボール史上に燦然と輝く存在だが、個々のプレーヤーに焦点を当ててみれば実はそんなに傑出していない。

クライフは別にして、同時代の同じポジションの大会ベストプレーヤーと比べたとき、オランダ人のほうが優れている印象はあまりなかった。右ウイングのヨニー・レップはスピード、得点力が光っていたが、ドリブルの技術では西ドイツのユルゲン・グラボウスキーには遠く及ばず、点取り屋ウイングとしてはグジェゴシュ・ラト（ポーランド）のほうが上だった。左の技巧派レンセンブリンクも、やはりポーランドのロベルト・ガドハほどではなかったし、中盤の左利きのコンダクターとしてハネヘムとボルフガング・オベラーツ（西ドイツ）を比べると、オベラーツに軍配が上がるだろう。プレーメーカーということなら、リベリーノ（ブラジル）、カジミエジ・デイナ（ポーランド）、ヨバン・アチモビッチ（ユーゴスラビア）など、技術的に別格のプレーヤーが西ドイツ大会でプレーしていた。

リベロのアリー・ハーンはアヤックスではMFで、4年後の78年ワールドカップでもMFとしてプレーしている。74年は攻撃型リベロとして活躍したが、ベッケンバウアーと比べることはできない。どのポジションのプレーヤーもそれなりに個性的で優れていたけれども、圧倒的なのはクライフだけだ。同じワールドカップのスーパーチームでも、58年のブラジルはペレ、ガリンシャ、ジジと圧倒的な3人がいたし、プスカシュ、コチシュ、チボール、ヒデクチが並ぶ54年のハンガリーも複数の個の能力が傑出していた。70年のブラジルにもペレ、リベリーノ、ジェルソンがいた。それに比べると、74年のオランダで過去のスーパーチームに個で対抗できるタレントはクライフしかいない。

だが、オランダの強みはそこではないのだ。個々の能力よりもチームプレーができたこと、その土台となるパスワークに優れていたことこそ、トータルフットボールのチームとして決定的だった。

ボール狩り

74年のオランダはパスワークに秀でていた。ただ、その点ではブラジル（58、62、70年）やハンガリー（54年）も優れていて、個々の能力ではオランダよりも上だった。74年大会に優勝した西ドイツはオランダと遜色ないパスワークを披露していたし、カウンターアタックの威力でいえば3位になったポーランドが素晴らしく、パスワークだけならユーゴスラビアもオランダ以上の技巧をみせていた。

オランダがトータルフットボールと呼ばれたのは、パスワークのほかにもう1つの特徴があったからだ。それはブラジルやハンガリーにもなかったもので、ミケルス監督はそれを「ボール狩り」と呼んでいた。今でいうところのプレッシングである。

ボール狩りとは相手陣内で敢行する前進守備で、オフサイドトラップとセットになっている。80年代の終わりにACミランのアリゴ・サッキ監督がより洗練された形でプレッシングを完成させるが、その元になったのがオランダのボール狩りだった。

ミケルス監督がボール狩りのアイデアを実行したのはアヤックスを指揮していたときだという。その狙いは早期のボール奪回。アヤックスには攻撃的なプレーヤーが多く、ボールを持っているかぎりは良いプレーができることがわかっていた。そこで、なるべく早く相手からボールを奪いとる方法は何かを考えた結果、敵陣でも積極的にボールを狩りにいく守備を採り入れた。

当時の守備は基本的にリトリートだ。相手のＤＦがボールを保持したときにＦＷがボールを奪いにいくことはあっても、ＭＦやＤＦまで連動する守備はしていなかった。相手のＤＦがボールを保持している状態で奪いにいってもかわされてしまうだけでは意味がない。そこでＦＷに求められる守備は、ＤＦの前面に立ってパスコースをある程度制限することだった。その間にＭＦは相手をマークするわけだが、マークが完了しないうちはとりあえず味方ＤＦの手前まで引いて、相手を自分の前に置いた状態からマーク相手をつかまえる。本格的にボールへのアタックを開始するのは相手をつかまえきってからで、それまではなるべく相手の攻撃を遅らせる、パスコースを限定することが基本的な守備のやり方だった。そのため実際にボールを奪うのは自然とハーフウェイラインより自陣側になることが多い。ゴールを守るという意味では手堅いが、マークが完了するまでは相手のミス待ちなので、どうしてもボール奪回までに時間がかかってしまう。

ミケルス監督のアイデアは、ボール奪回までの時間を短縮するために、相手を自陣に引き込むのではなく全体を前へ押し出して守備をすることだった。相手のＤＦがボールを持っていればＦＷは間合いを詰め、ＭＦはパスが出てきそうな相手を前進してタイトにマークする。相手ＤＦがＦＷをかわしたときもＭＦの前進は継続し、すかさず二の矢としてプレッシャーをかける。そのとき、そのＭＦがマークしていた相手選手は後方へ置き去りにしてしまい、その捨てた相手は前進してくるＤＦが拾う。このように主に縦方向のマークの受け渡し行うことで、ボールホルダーとその周辺の相手にプレッシャーを連続的に与える守備方法だった。まさにボールを狩りにいく守備だ。

ボール狩りを成功させるポイントは、３ラインの距離を縮めること。

ＦＷ、ＭＦ、ＤＦの３つの防御ラインの間隔が空いていれば、１人がかわされたときにボールへのプレッシャーは途絶えてしまう。相手は顔を上げて状況を確認し、前進中のオランダＤＦの背後へ決定的なパスを送ることも可能だ。ライン間が空いていれば、カバーリングが遅れるだけでなく、カバーに向かうオランダ選手が捨てたプレーヤーがフリーになってしまうので、そこへパスをつながれてしまう危険もある。たとえ1人をかわしても、すかさず次の刺客が現れ、パスを受けられる味方を探せない状況にしなければならない。そのためには3ラインの距離が近い状態、つまり全体がコンパクトになっている必要があった。

ＭＦが前進してＦＷとの間隔を詰め、さらにＤＦもＭＦとの距離を詰める。そこでＤＦは相手のＦＷをオフサイドポジションに置く、オフサイドトラップを多用した。

仮にフィールドの縦の長さが１００メートルとすると、相手ゴールからハーフウェイラインまでの距離は50メートル。その半分の距離でＦＷが相手ＤＦにプレッシャーをかけているとすると、オランダのＭＦはＦＷの背後10～15メートルまでは距離を詰めておかなくてはならない。さらにＤＦがＭＦとの間を10～15メートル詰めるとすると、この時点でＤＦの位置はだいたいハーフウェイラインを越えている。つまり、ハーフウェイラインよりオランダ陣内に残っている相手ＦＷはオフサイドポジションになる。そこへパスが出てもオフサイドなので守る必要がない。ボール狩りを開始したときのオランダのディフェンスラインは脱兎のごとくラインを上げ、ディフェンスラインそのものが消滅していた。ハーフウェイラインまでは全力で押し上げていた。

ボール狩りの弱点は主に２つある。

１つは、相手の２列目からの飛び出し。相手の２列目が飛び出し、同時にオランダＤＦの裏へパスを落とせば、前進するオランダのＤＦと入れ替わりにオンサイドの状態で突破できる。オランダの対策は、２列目の飛び出しを察知したら近くのプレーヤーがマークすることだった。ただ、基本的に自分の前方の相手へプレッシャーをかけている最中だけに、飛び出していく相手を取り逃がすケースもしばしば起きていた。

もう１つは、単純に相手ＦＷへのパスがオフサイドにならないケース。例えば、オランダの

ＦＷが相手ゴールまで25メートル以下の場所でプレッシャーをかけにいった場合、ＭＦもそれにともなって相手ゴールから35メートルぐらいまで前進することになる。そのときＤＦがＭＦとの距離を15メートルまで詰めようとすると、相手ゴールからの距離は50メートルとなり、さらに10メートルまで詰めればハーフウェイラインを越えてしまう。そうなるとＤＦが背後へ置き去りにしたＦＷがハーフウェイラインまで戻っていればオフサイドポジションではない。そこへパスが通ってしまえば全員置き去りである。

ただ、そこまでＦＷが深い場所でプレッシャーをかけていれば、いきなりハーフウェイラインまでロングパスを飛ばされる心配はあまりない。むしろそれを警戒してハーフウェイラインでＤＦが待機したときに、ＭＦとＤＦの間隔が空きすぎて、そこへパスをつながれてしまうほうが危険だった。そこで、ＦＷが深追いした場合には後方待機のＤＦと、ＭＦの背後へ詰めていくＤＦを分けて対応していたが、どちらも中途半端になることがあり、もしプレッシャーをくぐられてしまえばハーフウェイラインで１対１の状態になるリスクがあった。

だから、オランダのＦＷは闇雲にボールを奪いにいっていたわけではない。ボールが動いていなければ基本的にプレスには行かない。無理に行ってもかわされるだけで、かわされてしまえばＭＦのカバーが間に合わない危険があるからだ。とくに深い場所でのプレスは全体が前がかりになりすぎてしまうので慎重だった。ただし、ボールが少しでも動けば相手の次のプレーはかなり予測できるので、その瞬間にはボール狩りを発動させられる。ボールを保持しているDFのドリブル、パスでボールが動いた場合にはボール狩りのスイッチが入る。

ボール狩りが開始されると、ボール周辺のプレーヤーはいっせいに相手をつかまえに動くわけだが、そのときにはマークすべき相手よりもボール側にポジションをとることもあった。相手と自陣ゴールの間に立つのがマークの原則だが、ボールに十分なプレッシャーがかかっていれば、ボールと相手の間に入ってしまえばもうパスは通らない。相手をマークするというよりパスコースを塞いでしまうわけだ。背後に置いた相手にパスが通るとしたら頭越しの浮き球しかなく、そのときは10~15メートル背後にいるDFが処理できる。ただし、DFの背後までボールを飛ばされてしまったときは、相手FWとDFの競走になるリスクがあり、これはボール狩りにとっては最大の脅威だった。そこでGKヨングブルートなのだ。

当時としては異様に守備範囲が広く、第二のリベロとしてプレーできるGKが必要だった。ヨングブルートは特別に足技に長けていたわけではないが、思い切ってペナルティーエリアから飛び出して蹴り返すプレーを得意としていた。マジック・マジャールのGKジュラ・グロシチがこうしたプレーをしていたが、それはむしろ特殊で、74年時点でもヨングブルートは珍しいタイプのGKである。

ボール狩りが発動したときのオランダの守備は衝撃的だった。

次々と猛烈にプレッシャーをかけ、1人のボールホルダーに3、4人が囲い込んでボールをむしりとってしまうことさえあった。苦し紛れに蹴り出せばFWはオフサイド、たまたま裏へボールが出てもGKが非常識なほど前に出てきてクリアされてしまう。こんな守り方をするチームはなかったので、ワールドカップ緒戦で当たったウルグアイは完全に戸惑っていた。

ただし、オランダのボール狩りは90分間通しては行われていない。ボール狩りが発動するのは数回にすぎず、FKやCKの回数と変わらない頻度だった。大半は普通に守っていて、リードした後には自陣に深く引くこともあった。ボール狩りが発動したときの印象があまりにも強烈なので、それがオランダの代名詞になっていたけれども、かなり限定的に行われていたにすぎない。

始動条件は1つではないが、はっきりしていたのはフリーな相手ができてしまったときだ。中盤でフリーな相手選手がボールを持ったときは、だいたいボール狩りを発動させている。誰かが自分のマークを置いてフリーな相手に急行してプレッシャーをかけ、それがスイッチになって周辺が一気に動き出す。逆にいえば、漏れなくマークにつけているかぎりあまりボール狩りは発動しない。相手がフリーでボールを持っているなら、本来は制御しながら時間をかけさせて味方の帰陣を促すところだ。そこで時間をかけずに一気に奪い取ろうとするのがオランダらしさなのだろう。

ボール狩りは断続的に行われただけで、始動したときも実はけっこう穴が空いている。準決勝で対戦したブラジルは、それまでの5試合を分析できていた。リベリーノがディフェンスラインン近くまで下がってボールを受け、そこで静止していたのが面白い。MFのリベリーノがフリーでボールを持っているのだから、オランダは一気に前進守備を仕掛けてくると考えたのだろう。その瞬間に前進するディフェンスラインの裏へロングパスを落とすつもりだったと思われる。リベリーノにはオランダのプレッシャーをかわす自信があっただろうし、40メートルのロングパスを正確に蹴る力もあった。ところが、オランダはリベリーノに対してボール狩りを仕掛けなかった。リベリーノがディフェンスラインまで下りてしまったので、オランダのMFは中盤で余っている。リベリーノからのパスに対しては受けどころを全部抑えているので、リベリーノがドリブルで前進してこないかぎりボール狩りが発動するケースではなかったのだ。リベリーノの誘いには乗らなかったオランダだが、何度かブラジルにディフェンスラインの背後をつかれている。ラインを上げてくるとわかっていれば、ブラジルぐらいになればそれなりに際どいチャンスは作れていた。

オランダのオフサイドトラップは良く言えば大胆、現在の視点からすれば無謀に近い。いきなりやられれば為す術なしでも、分析して対策を立てていれば逆手にとって攻略するチャンスは十分あった。それだけリスクの高い守り方だったし、現在のプレッシングと比べれば杜撰とさえいえる。しかし当時としては画期的だった。

オランダのボール狩りは、守備の概念をパッシブからアグレッシブへ転換している。受け身の守備から、ボールを奪い取る守備へ。その前提となる3ラインの収縮、ディフェンスラインの押し上げは、さらにパスワークによって相手を押し込めていたことが前提になっていた。タマゴとニワトリの関係になってしまうが、攻撃力があって押し込めているから前進守備が効き、ボール狩りの威力によって敵陣でボールを奪えるので攻撃を継続できる。パスワークはトータルフットボールの看板だが、そこへボール狩りという新たな守備を加えたことで、オランダは圧倒的な攻守の循環を作り上げた。これこそがオランダのトータルフットボールが他と一線を画しているところであった。

74年ワールドカップ決勝、西ドイツ対オランダはいわばトータルフットボール対決だ。

下馬評はオランダ有利。1次リーグでスウェーデンと引き分けたほかは、ウルグアイ、ブルガリア、アルゼンチン、東ドイツ、ブラジルを撃破している。一方の西ドイツは、1次リーグで東ドイツに敗れての2位通過、2次リーグでもスウェーデン、ポーランドと接戦を演じていた。決勝までの足どりからすれば、オランダ有利の予想はうなずける。

準決勝のブラジル戦、オランダの先制点はクライフからのパスをニースケンスが決めたものだが、このゴールにはオランダらしさが表れていたと思う【図11】。

図11　オランダらしいゴール

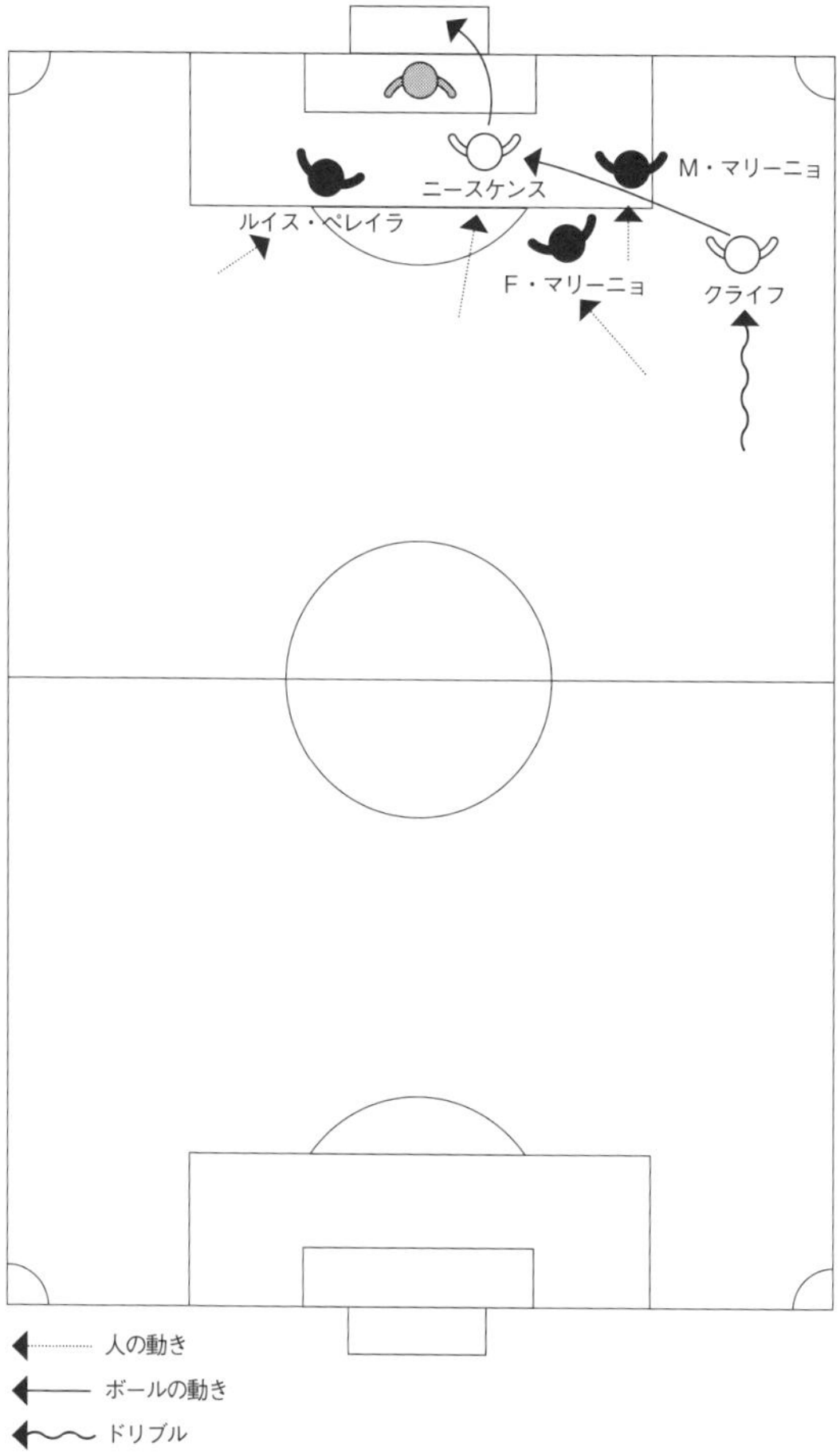

右サイドでクライフがボールをキープし、その前面にはマリオ・マリーニョが立っていた。サイドステップを踏んでクライフとの間合いを計っていたMマリーニョだが、クライフはその右足側に低いパスを通している。ボールが通過したのは、0.5秒前までMマリーニョがいた場所だ。クライフからの低いクロスボールはMマリーニョの右足のすぐ横を抜け、中央に戻っていたフランシスコ・マリーニョが触れないコースを通り、クリアしようと中央に戻ってきたルイス・ペレイラの前にスライディングしながら入ってきたニースケンスがダイレクトで合わせて決めている。ブラジルの3人のDFが誰もカットできないコースにパスを通したクライフ、そこへドンピシャのタイミングで走り込んだニースケンスのコンビネーションが光る。クライフは、Mマリーニョが動くのを待っていたとしか思えない。そして、一歩動いた瞬間をとらえてギリギリのコースにボールを通過させ、そのパスは針穴を通すように3人のDFの誰もカットできず、ニースケンスがギリギリで届くコースに飛んだ。精度もさることながら、アイデアとタイミングがポイントなのだ。相手の動きを見て、そこに隙が生まれることを察知し、味方とのタイミングを合わせた。パスワークの肝は、相手の動きを見て守れない場所をつくことだが、このゴールはまさにそれだったという意味でオランダらしい。

しかし、オランダは優勝できなかった。決勝の開始1分でPKからニースケンスが先制したが、前半のうちにブライトナーのPKとミュラーのシュートで逆転された。オランダは後半に猛攻を仕掛けたが西ドイツに守りきられている。西ドイツの勝因は、フォクツがクライフを完封したことにある。早々にリードしたオランダは、クライフが中盤あるいはディフェンスラインまで引いてフォクツを引きつけていた。しかし、クライフを経由しない攻撃はあまり機能せず、逆にフォクツを含めて果敢に攻勢に転じた西ドイツが息を吹き返して逆転に成功している。

ファイナルが行われたミュンヘンのオリンピックスタジアムはバイエルン・ミュンヘンのホームであり、マイヤー、ベッケンバウアー、シュバルツェンベック、ブライトナー、ヘーネス、ミュラーが普段プレーしている場所だった。それまで隣国から来る多くのサポーターの声援を受けてホーム同然だったオランダにとって、ミュンヘンは大会で初めての完全アウェー。66年のファイナル、70年の3位決定戦を戦った西ドイツのほうが大一番への場馴れもあったかもしれない。ただ、やはりオランダの敗因はクライフを抑えられたことだろう。トータルフットボールと称えられながら、1人のプレーヤーが制限されると機能しなくなったのは皮肉な結末である。

しかし、オランダのトータルフットボールはその大胆さと、選手に与えられた自由度の大きさで格別に印象的だった。時代の空気もあったと思う。同じトータルフットボールでも開催国としての使命感を負った西ドイツの重苦しさとは対照的に、オランダの選手たちはリラックスしていた。ほぼ全員が長髪で、ジャラジャラとネックレスを身につけ、ユニフォームをだらしなく着て、自由気ままに思えるほどポジションに関係なく攻撃に加わり、ほとんど自由をもてあそんでいた。決勝の開始1分でPKを蹴ったニースケンスはど真ん中へ思い切り蹴り込んでいる。試合中に笑っている選手も多かった。自由を存分に謳歌し、カテナチオの閉塞感を打破していた。

フットボールに新しい解釈をつけ加えた。フットボールをそれまでとは別の場所へ動かしてみせた。オランダ人にとって、それは痛快な遊戯だったのかもしれない。そういえば、ホモ・ファベール（作る人）よりホモ・ルーデンス（遊ぶ人）が先にあると説いたホイジンガはオランダ人だ。名前のヨハンはたんなる偶然だけれども。

「遊びは人間がさまざまの事象の中に認めて言い表すことのできる性質のうち、最も高貴な2つの性質によって充たされている。リズムとハーモニーがそれである」（ヨハン・ホイジンガ）

Chapter 7 ナンバー10の時代

プラティニ、ジーコ、マラドーナ

1974年ワールドカップで旋風を起こしたオランダは4年後のアルゼンチン大会でも決勝へ進出するが、またも開催国に敗れて2大会連続の準優勝に終わった。アルゼンチンとの決勝は延長にもつれこむ接戦、マリオ・ケンペスの活躍でアルゼンチンが3−1で勝利した。オランダはボールを支配して優勢に進めていたが、延長突入寸前のロブ・レンセンブリンクのシュートがポストに嫌われるなどツキもなかった。

アルゼンチン大会にヨハン・クライフは出場していない。予選まではチームを引っ張っていたがアルゼンチンには行かなかった。オランダは4年前のメンバーも残っていて、トータルフットボールのコンセプトも大きな変化はなかったはずだが、クライフの不在によって全く別のチームのようにみえた。総合力は優勝したアルゼンチンより上だったかもしれないが、4年前に比べると普通のチームだ。

78年ワールドカップにスーパーチームはいない。ベッケンバウアー、ミュラー、オベラーツが退いた西ドイツは精彩を欠き、ブラジルも本来の技巧的なスタイルとヨーロッパ的な戦術の間で揺れていて着地点を見いだせていない状態。74年はグループリーグで敗退したイタリアは世代交代を進め、パオロ・ロッシ、ジャンカルロ・アントニオーニ、マルコ・タルデリなど4年後の優勝へつながる若手が台頭して勢いがあったが、優勝するほどの力はなかった。

優勝したアルゼンチンはセサル・ルイス・メノッティ監督が「大衆のフットボール」を掲げて、非常に攻撃的なチームを作り上げている。

両サイドに突破型のウイング（ダニエル・ベルトーニ、オスカー・オルティス）を起用する4—3—3、中盤はアメリコ・ガジェゴを底に置いて守備にあたらせていたが、インサイドハーフにはオズワルド・アルディレス、マリオ・ケンペスといった攻撃的なプレーヤーを並べていた。ケンペスは左ウイングもCFもできて、MFというよりストライカーなのだが、主にMFで起用されている。ただ、アルゼンチンは魅力的なプレーをしていたとはいえ圧倒的というほどでもなく、決勝進出はブラジルとの得失点差によるもの。ペルー戦の6ゴールには買収疑惑もつきまとっていた。決勝でもオランダに押され気味。開催国でなければ優勝はできなかったと思う。

全体的に大きな発見や進歩が見られなかった78年大会だったが、次世代を担う若手がプレーしていた。

アルゼンチンと好試合を演じたフランスにはミッシェル・プラティニがいた。フランスはアルゼンチン、イタリアと同組だった不運もあってグループリーグで敗退しているが、今後に期待を抱かせる内容だった。ブラジルではジーコとトニーニョ・セレーゾがすでに中心選手となっていた。ただ、本大会に入るとブラジルは守備型にシフトしてジーコはあまり活躍できていない。西ドイツにはカールハインツ・ルムメニゲがいた。しかし、次世代のスターが活躍するのはこの大会後である。出場していないが、17歳のディエゴ・マラドーナも最終選考まで残っていた。

80年代前半は「ナンバー10」の時代だ。

アルゼンチン大会の得点王となったケンペスが10番（もっともアルゼンチンは名前のアルファベット順に背番号を決めていただけだが）。マラドーナが代表入りするや、10番は彼のものになった。リベリーノが引退したブラジルではジーコが栄光の10番を継ぐ。フランスではプラティニが10番を着ることになる。

背番号10はもともとインサイド・レフトのポジション番号である。ペレの番号として一躍有名になったが、スウェーデンワールドカップでペレが10番だったのは偶然だ。ブラジルが提出したメンバーリストに背番号が記されていなかったため、大会組織委員会の役員が適当に番号を割り振ったのだそうだ。当てずっぽうにしてはセンスがいい。右ウイングのガリンシャが11番、左のザガロが7番とポジションと番号が逆になっているし、ジジが6番（本来は8）など、微妙にズレているが大きく外してはいない。なぜかペレはポジションどおりの10番だったが、開幕当初はレギュラーではなかったのだ。

80年代はさまざまなフォーメーションが使われている。70年代は4−3−3が主流だったが4−4−2を採用するチームも増加し、84年のヨーロッパ選手権でデンマークが3−5−2を使って注目された。全体の流れはカテナチオの時代から基本的に守備の増強が重視されている。まずウイングプレーヤーが消えた。78年ワールドカップでは、優勝したアルゼンチン、準優勝のオランダなど両サイドにウイングを配するチームが多かったのだが、4年後の82年にはウイングを起用するチームが激減した。守備強化のためにウイングが削られる傾向があったのだ。

本格派ウイングの減少と2トップ増加の流れの中で、MFに打開力と得点力がより求められるようになっていった。ゲームを組み立て、ドリブルで切り崩し、ラストパスを送り、自ら得点もできる10番への期待と依存が大きくなっていく。

80年代を代表する10番はプラティニ、ジーコ、マラドーナだった。

9・5番のプラティニ

ミッシェル・プラティニについて「9番か10番か?」という議論があった。本人は「9・5番」と言っているが、プレーメーカーなのか、それともゴールゲッターとして起用すべきなのかでフランス国内でも意見が分かれていたのだ。

78年ワールドカップでのプラティニのポジションは4－3－3のインサイドハーフだ。82年スペインワールドカップでも同じポジションでスタートしたが、大会中にミッシェル・イダルゴ監督は4－4－2へ変更、プラティニ、アラン・ジレス、ジャン・ティガナ、ベルナール・ジャンジニの4人で中盤を構成することになる。4人のポジションはプラティニとジレスが前方、ティガナとジャンジニが後方という四角形の構成になる。ただ、4人の動き方は流動的で、さらにFWのポジショニングも特殊だった【図12】。

2トップのディディエ・シスとドミニク・ロシュトーは、もともとウイングプレーヤーでサイドに開いていることが多く、CFがいない形だったのだ。CFが中盤へ引く「偽9番」でもCFというポジションがなかったわけではない。フランスの場合、CFタイプのFWもいなければ、その場所に人がいないという特殊なケースで、正真正銘のゼロトップなのだ。中央を空けておいて、そこへプラティニかジレスが入っていく形だった。フランスは準決勝で西ドイツと延長、PK戦にもつれ込む激闘の末に敗れたが、この大会ではブラジルと並ぶ高い評価を受けている。MFの4人は「四銃士」と呼ばれた。

84年にはフランス開催のヨーロッパ選手権が行われ、プラティニを中心としたフランスが優勝。中盤の4人のうちジャンジニがルイス・フェルナンデスに入れ替わっている。プラティニ

図 12　1982 年W杯のフランス

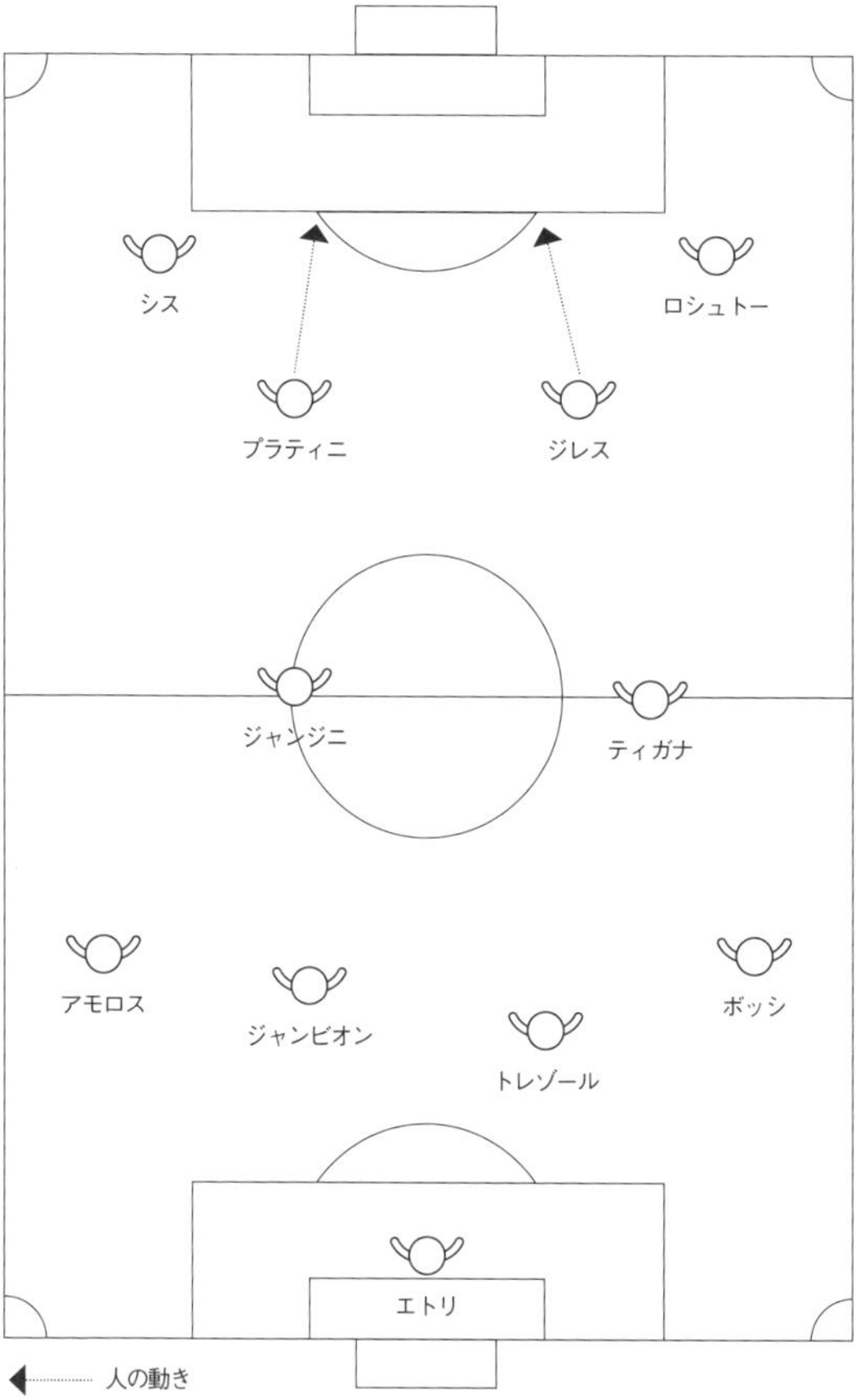

はMFまたはFWとしてプレーし、大会得点王を獲得した。プレーメーカーとしてよりもストライカーとして活躍した大会で、利き足の右だけでなく左足のゴールもあり、ヘディング、FKとオールラウンドな得点能力を発揮した。

82年ワールドカップ後にユベントスへ移籍していたプラティニは、3年連続でセリエAの得点王を獲得。3年連続でバロンドール受賞の快挙も成し遂げている。82〜86年までの4年間はプラティニの全盛期だった。

当時のユベントスは82年ワールドカップで優勝したイタリア代表のガエタノ・シレア、クラウディオ・ジェンティーレ、アントニオ・カブリーニ、マルコ・タルデリがいて、ポーランドのズビグニェク・ボニエクも加入した豪華メンバーである。ジョバンニ・トラパットーニ監督が率いるユーベのフォーメーションはイタリア風の変則的な形、プラティニはMF（トップ下）またはFWとしてプレーしていた。

プレーメーカーとしてのプラティニはフィールドの中央に君臨し、1タッチ2タッチの少ないボールタッチでパスをさばく。ズバリと刺すようなスルーパス、走り込む味方の鼻先にピタリと合わせるロングパスなど、洗練されたゲームメークをみせている。一方、FWとして起用されたときは、ストライカーそのものの強引な突破や空中戦の強さを発揮していた。中盤のときはフィジカルコンタクトを嫌うようなプレーぶりなのに、ゴール前では自分から体をぶつけていく勇敢なＦＷに変身する。同じプレーヤーとは思えないぐらいの変わりようで、確かに「9番か10番か」よくわからない感じだった。

優れたフットボーラーの要素としてスピード、テクニック、インテリジェンスがあるとすると、プラティニの場合はさほどスピードに恵まれていない。遅いわけではないが、特別に速くもない。ペレ、ガリンシャ、クライフ、マラドーナ、メッシのような先天的なスプリント能力はなかった。

技術的には右足のキックの精度と強さが目を引く。中盤でのプラティニは右足で止めて右足で蹴る、ほとんどこの単純な動作の繰り返しだ。ワンステップで30～40メートルほど軽く飛ばしてしまうキック力は出色で、けっこう懐に入っているボールでも無理なく蹴り出してしまう。足下にピタリと止めたボールを持ち直さずに蹴り出せるので、遅滞なくフィールドのどこへでもボールを届けることができた。突っ立っているようなボールの持ち方、だいたい脱力していて、蹴り方も雑にみえるのに精度もタイミングも抜群だった。やっていることはほぼ止めて蹴るだけの省エネ・プレーメーカーなのだが、それで成立させられる職人的な技巧があった。

ＦＫの名手としても有名だった。インサイドに引っかけてフックさせる球筋だけでなく、アウトでスライスさせるコースもある。アウト気味に強いボールを蹴るのは癖なのか、ミドルシュートでもけっこう使っていた。

プラティニは1人で何人も抜き去るドリブラーではない。リベラやベッケンバウアーと似たエレガントなパサーだ。一度見ただけでは訳が分からないようなマジックを駆使するタイプでもない。見た目よりコンタクトプレーには強く、9番のときには空中戦の強さも発揮していた。足も頭もシュートが正確なので点がとれる。とはいえ、9番としてだけならスーパースターにはなれなかっただろう。本職はMFで、点の取れるプレーメーカーというタイプである。

プラティニはインテリジェンスが飛び抜けている。その前提として周囲の状況を多角的に把握していた。トヨタカップで来日したとき、FKをゴール前に蹴り込む寸前にタッチライン方向をチラリと見ていたのを覚えている。そこには敵も味方もおらず全く見る必要のない方向なのだが、ボールへ向かって助走しながら、なぜか一瞬プラティニはそこを見ていた。理由は見当もつかないのだが、とにかく最後の最後まで周囲の些細な情報まで採り入れようとしていたのは確かだ。もう癖になっていたのだろう。敵味方のほんのわずかな動きも見逃さない、そういう癖がついているのだ。それで得た情報を処理する能力も抜群で、だからスーパースターとしては平凡な技術や身体能力でも最高の解を叩き出せたのではないか。

黄金の4人

白いペレと呼ばれたプレーヤーは何人もいる。70年ワールドカップでペレとコンビを組んだトスタンも「白いペレ」だった。トスタンの後に現れたのがフラメンゴで活躍したジーコである。ジーコはプラティニと似ていて、センスの図抜けたプレーメーカーであり同時にストライカーだった。ただ、プラティニと違って「9番か10番か」という議論はブラジルでは起きていない。ヨーロッパのプレーメーカーは広範囲に動くが、ブラジルの10番はもともとMFとFWの中間的な存在でプレーエリアはヨーロッパに比べると前方だ。フィールドの中央でパスワークの軸になるのは10番ではなくむしろ8番で、10番はもっとFW寄りのイメージなのだ。9か10かというより、ジーコは10番そのものと認識されていた。

白いペレだけあって、ジーコは非常に俊敏だった。キレのあるドリブルで密集を突破する能力もあり、その点はプラティニとは違う。シュートの正確さは格別、小柄なのにヘディングでも多くの得点を決めている。オーバーヘッドキックやジャンピングボレーなどアクロバティックなプレーも得意。FKの名手で、ヨーロッパがプラティニなら南米はジーコが代表格だった。

選手生活の晩年はJリーグの鹿島アントラーズでプレーしたので、ジーコについては日本でもよく知られているだろう。柔らかく素早い動きはネコのようで、後方から上がってくる味方のほうを見もしないで完璧なパスを送るなど、距離感のつかみ方が独特だった。鹿島がまだ住友金属サッカー部だったころ、練習場のゴール裏に大きな木が生えていた。伐採しようとしたらジーコが「切るな」と言ったそうだ。フランメンゴでプレーしていたときには、ゴール裏にいる知り合いのカメラマンにチームカラーの赤いシャツを着るように頼んでいたという。目印にしていたのだ。瞬間的にカメラマンの赤いシャツや木を見て、自分の位置を把握していたという。

「道に迷ったことがない」（ジーコ）

一度通った道を記憶できた。それがフットボールの能力とどう関係するのかはよくわからないが、周囲の状況を把握する特殊な能力があったのかもしれない。全くあさっての方向を見ていたプラティニの不気味さと共通するものがある。

82年ワールドカップのブラジルは史上最も素晴らしいチームの1つとみなされている。かつてのハンガリー、ブラジル、オランダと並ぶ強いインパクトを残した。このときのブラジルは2次リーグで敗退していてベスト4にも入れていないのだが、大会のベストチームとして人々の記憶に刻まれている。

ジーコ、ソクラテス、ファルカン、トニーニョ・セレーゾのMF陣は「黄金の4人」と呼ばれた。テレ・サンターナ監督の率いた82年のブラジルはポジションのバランスが独特だ。フォーメーションは4－4－2になっているのだが、実際にはもっと複雑で混沌としている。GKバウジール・ペレス、CBがオスカーとルイジーニョ。ここまでは決まっていた。いちおうSBの右がレアンドロ、左がジュニオールなのだが、左SBのジュニオールは攻撃になるとほとんどMFだった。74年のパウル・ブライトナー以来の自由人である。テクニックも運動量も十分、攻守に大車輪の活躍を見せたジュニオールを加えると、「黄金」は4人ではなく5人だったといえる。

中盤の構成はボランチにトニーニョ・セレーゾとファルカン、攻撃的MFにジーコとソクラテスという四角形。2トップはセルジーニョとエデルということになっているのだが、実際のポジショニングはかなり〝いびつ〟だ。

まず、左ウイングのエデルはFWというよりMFに近い。左サイドに張っていて、そこから強力な左足のキックでクロスボールを蹴る。縦に抜けるガリンシャのようなタイプではなく、ザガロやリベリーノとも違う。後年のデイビッド・ベッカムのようなクロッサーといっていいだろう。FWというよりウイングバックだ。

CFはサントスで〝レッドカードの王様〟として知られたセルジーニョ、大柄なポストプレーヤーで気性が激しいので有名だった。ところがニックネームに反して82年のアタックラインでは最も目立たず、大人しく、所在がなさそうに見えた。後方のプレーヤーたちがあまりに強力なせいか大した仕事もなくウロウロしていた印象しかない。

ポジションが固定的だったのはGK、CB、左のエデル、CFセルジーニョ。右SBのレアンドロはサイドの上下動だが、かなり高い位置まで進出している。黄金の4人+ジュニオールに関しては自由自在、融通無碍。ブラジル版トータルフットボールだ【図13】。

〝ドトール〟、ソクラテスは医師免許を持つインテリ、193センチの長身と長いリーチが特徴の個性的なアタッカーだった。この大会ではジーコと息の合ったコンビを披露している。広範囲に動いてゲームを組み立てるプレーメーカーであり、同時に高い得点能力も兼ね備えていた。ジーコと並ぶこのチームの「10番」だ。

トレードマークは独特のヒールキック。とにかくリーチが長いので、足下でボールを大きく動かせる。懐でボールを流せば、普通のプレーヤーの倍ぐらいボールが動いているので相手はどうしても食いついてしまう。そこで急に方向を変えるヒールキックは効果抜群だった。機敏に動けないぶん、リーチの長さを最大限に生かしていた。ちなみにソクラテスは緩慢に見えて走るとけっこう速い。ヒョウの速さではなくキリンの速さである。

2ボランチはファルカンとトニーニョ・セレーゾ。ASローマをセリエAで優勝させる原動力となった〝ローマの鷹〟、ファルカンは背筋の伸びた姿勢がきれいなオールラウンドプレーヤーで、雰囲気とプレースタイルはベッケンバウアーと似ている。インテリジェンスとパスワークの技巧はジーコやソクラテスに遜色なく、8番に近いボランチだった。トニーニョ・セレーゾは長い手足と抜群の読みでボールを奪う能力が高く、ボールを持っても的確なパスでリズ

図 13　1982 年W杯のブラジル

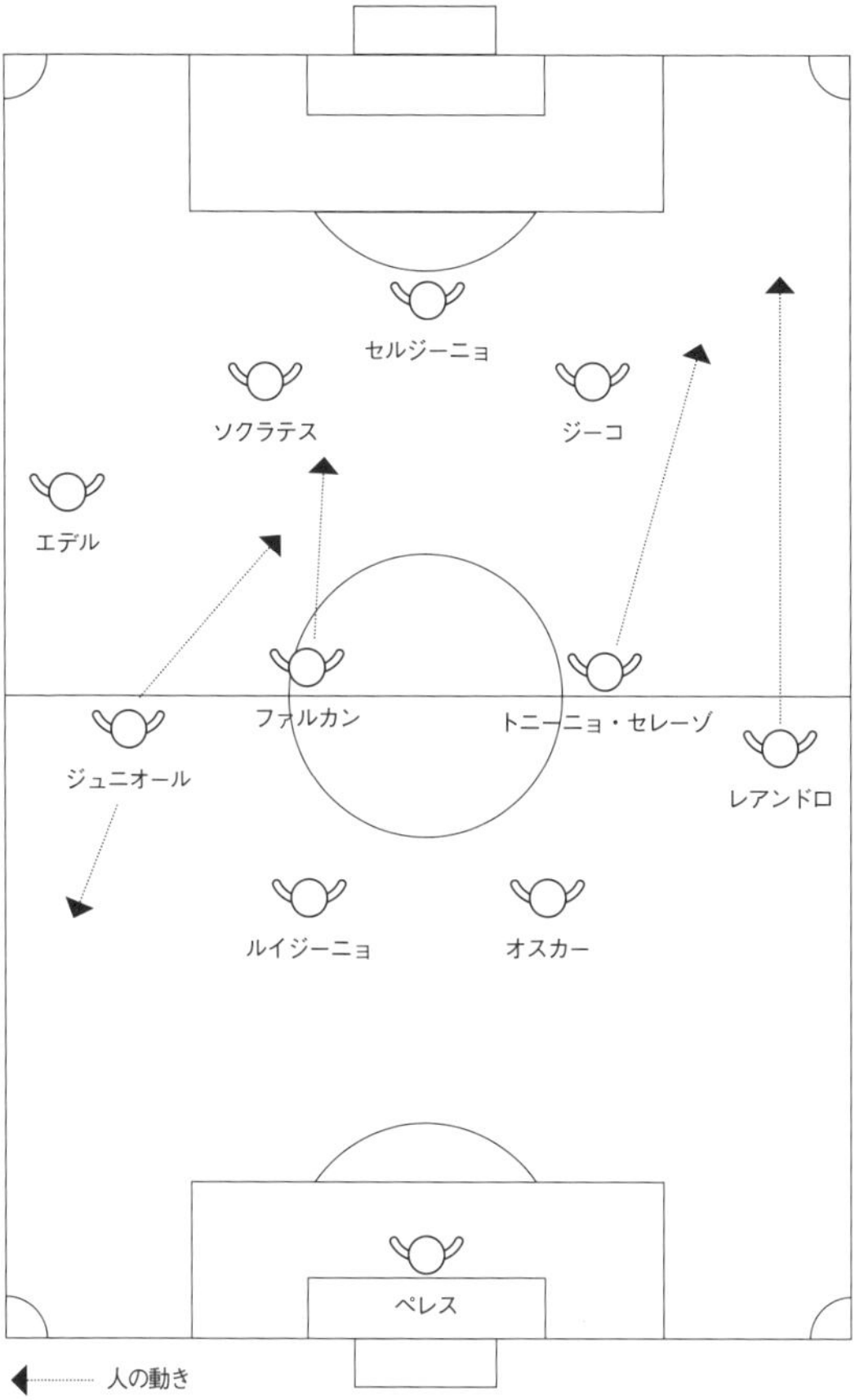

ムを作る。この4人にジュニオールを加えた5人は、それぞれ個性も攻守のバランスも違うが、いずれもゲームを作れる優れたプレーメーカーだ。トータルフットボールを成立させる条件である、高度なパスワークを実現させるにはうってつけの5人だったわけだ。

82年のブラジルにはガリンシャやジャイルジーニョのようなドリブラーがいない。控えにパウロ・イジドーロはいたものの、スタメン組がパサーばかりなのはブラジルでは珍しい。一方、後方からの長いランニングを使った攻撃は健在、ブラジルのテクニックは昔から注目されているが、セレソンに関しては後方からの長駆が意外と多くの得点を生み出している。70年決勝の4点目はカルロス・アルベルトの長駆とペレのノールック・パスの組み合わせだった。こちらの伝統は82年も継承され、ファルカン、トニーニョ・セレーゾ、レアンドロ、ジュニオールが後方から一気に長い距離を走って前線へ出てチャンスを作っていた。

エデルが常駐している左とは逆に、ブラジルの右サイドは空きスペースだ。片側がオープンスペースになっているのもブラジルのやり方だが、82年の場合は右のスペースへ誰かが入っていく動きで崩していた。基本ポジションとは関係なく、チャンスとみれば誰もが長駆していく攻め込みはダイナミックだった。

プレーヤーの動き方が大きく流動性が高いので、守備ではそこが弱点になる。左はエデルがいるのでジュニオールがどこかへ行ってしまってもとりあえずスペースは埋まっている。オリジナルポジションどおりなら、左からエデル、ソクラテス、ファルカン、トニーニョ・セレーゾの防御ラインになりジーコは前線に残せる。右サイドはジーコがリトリートしてエデルかソクラテスが前残りする。ただし、攻め方が非常に流動的なので元のポジションどおりの守備組織にはならず、攻撃同様に守備も流動的にならざるをえない。これはトータルフットボールが共通して持っている弱点といえる。

とはいえ、もともと攻撃の都合でポジションを流動化させているわけで、守備はそれほど考えていない。守備から考えていたらこういうプレースタイルにはならない。ブラジルもボールポゼッションが高いので守備機会はカウンターケアがメインになり、守備組織の惰弱性はそれほど問題にはならなかった。

ただ、ベスト4進出をかけたイタリアとの2次リーグ最終戦では、右サイドを崩されて、カブリーニのクロスからファーサイドに入ったロッシにヘディングシュートを決められ先行を許した。前面が空きやすいブラジルの右、戻りが遅れがちな逆サイドの左。守備の弱点をそのまつかれたような失点だった。この試合でブラジルは3失点しているが、あとの2失点はトニーニョ・セレーゾの自陣でのパスミスとセットプレーからで、まともに崩されて失点したのは先制点だけだ。しかし、ブラジルの守備が強かったかというとそうではなく、ほかにも危ない場面はいくつもあった。それを上回る攻撃力が魅力だったわけだ。

後年、2010年ワールドカップで初優勝するスペインは、このときのブラジルと似ている。だが、スペインはボールポゼッションの高さを利用して相手に攻撃させない、いわばポゼッションによるカテナチオを使って僅差でも確実に勝利した。82年のブラジルは確かにポゼッションも高いがシュートへ持っていくのも早く、得点を取りに行くプレーをしている。そのためにカウンターも食らいやすく、そうなったときに流動性ゆえの守備の惰弱性も露呈していた。

マラドーナと仲間たち

10番の真打ち登場。

過去現在を問わず、地球外生命体と認定されたプレーヤーが何人かいる。1953年のウェンブレースタジアムでハンガリーを見たボビー・ロブソンは「プスカシュは火星人に見えた」と言った。その火星人のプスカシュいわく、「最高のプレーヤーはディ・ステファノ」だそうだが、これには「人類として」という但し書きがつく。プスカシュに人類認定されなかったのは（宇宙人？）ペレである。

プラティニもジーコも素晴らしかった。ただ、ディエゴ・マラドーナは別格だ。プラティニとジーコは人類最高クラスかもしれないが、マラドーナはそれ以上であり、史上何人か存在する「他の惑星から来たプレーヤー」に属する。

フットボーラーにとって個人能力はすべてではない。

フランス・フットボール誌はバロンドール60周年記念として、ヨーロッパの枠を外して世界最優秀選手を選び直した。その結果、マラドーナは86年と90年の受賞者となっている。ちなみに当初の86年受賞者はソビエト連邦のイーゴリ・ベラノフ、90年は西ドイツのローター・マテウスだが、彼らの栄誉が剥奪されるわけではない。ヨーロッパでプレーする外国人選手が選考対象になったのは95年からなので、マラドーナは対象外だったのだ。

しかし選び直した結果、バルセロナ時代から10年もヨーロッパでプレーしていて受賞が2回は意外と少ない。この60周年企画の再選考によって、ペレは7回も受賞している。続くのはリオネル・メッシ5回、クリスティアーノ・ロナウド4回、プラティニ、クライフ、ファン・バステンが3回で、マラドーナはそれ以下という評価になるわけだ。ただ、それも不思議な話ではなく、バロンドールは個人に与えられる賞とはいえ、そのプレーヤーがチームとともに何を成し遂げたかで大きく得票が左右される傾向が強いのだ。マラドーナがナポリではなく、ACミランやユベントスでプレーしていたら、あるいはバルセロナでプレーを続けていたら、もっと多くのタイトルを獲り、チャンピオンズカップにも優勝して評価は変わっていたかもしれない。

個人能力でいえば、マラドーナは完全に宇宙人クラスである。

ボールコントロールの異能ぶりには数々の伝説があるが、インターネット上の動画を見れば一目瞭然だろう。ボールとの親和性において、筆者はこれ以上の選手を知らない。メッシやロナウジーニョも凄いけれども、マラドーナのほうが上だと思う。トップスピードでもボールを本当に意のままに操れる才能は図抜けていた。スピードも桁外れだ。とりわけスーパースターの条件とされる初速が抜群だった。ガリンシャやメッシと比べるとどうかわからないが、一歩の速さはやはり史上最速クラスだろう。アイデアについても天才というしかない。信じられないパス、ドリブル、シュートをこれでもかと連発していた。

86－87シーズン、マラドーナはナポリに2冠をもたらした。セリエA優勝は南イタリアのクラブとしては初の快挙だった。89－90にも優勝、88－89にはクラブ唯一のヨーロッパタイトルであるUEFAカップも獲った。ただ、最大のタイトルは何と言っても86年ワールドカップ優勝である。

78年アルゼンチン大会は最終選考で落選。当時17歳、もし出場していたらペレに匹敵するインパクトを残したかもしれないが、メノッティ監督は熟慮の末に「若すぎる」と判断した。82年スペイン大会は21歳でエースとしてプレーしたが、すでにマラドーナの名は世界中に轟いていて対戦国から厳重にマークされた。2次リーグのイタリア戦ではクラウディオ・ジェンティーレに徹底的にマークされ、ブラジル戦では「黄金の4人」を中心とするセレソンに力負け。マラドーナはこの試合でバチスタの腹に蹴りを入れて退場処分となり、苦いワールドカップデビューだった。

86年、カルロス・ビラルド監督の下でキャプテンを任されている。78年優勝メンバーは一新され、マラドーナ中心の編成に作り替えられていた。ただ、大会前のアルゼンチンの評価は決して高くない。優勝候補は84年ヨーロッパ選手権優勝のフランス、「黄金の4人」は負傷やコンディション不良で維持できなくなったが相変わらず強力なブラジルといったところ。アルゼンチンは守備的で華のないプレーぶりで、ビラルド監督はファン、メディアから非難されていた。

しかし、大会が始まるとアルゼンチンはマラドーナの超人的な活躍によって勝ち進み、二度目の優勝を達成する。このときのアルゼンチンはマラドーナのワンマンチームといって差し支えない。フットボールにワンマンチームはありえないのだが、戦術的にマラドーナなしには成立しないチームだったのだ。

フィールドプレーヤーのうち7人はハードワーカーが起用されている。5人のアタッカーを起用したメノッティ時代から大きく変わり、アタッカーはホルヘ・ブルチャガ、ホルヘ・バルダーノ、マラドーナの3人だけ。ウイングは起用されず、ブルチャガとバルダーノはマラドーナの近くでプレーした。守備のときにはマラドーナが中央、ブルチャガとバルダーノが左右に分かれて第一防御ラインを形成することが多かった【図14】。これはマラドーナの守備負担が軽いからだ。攻め込まれたときはブルチャガ、バルダーノは帰陣してマラドーナを前線に残す。そして攻撃はとにかくマラドーナにボールを預け、あとはマラドーナが何とかする。実際、それで何とかなった。

マラドーナがボールを持てば、相手は1人では止められない。2、3人が引きつけられる。そのとき、ブルチャガとバルダーノは包囲網から抜けてくるパスを受けるべくポジションをとる。マラドーナは包囲網のわずかな隙間から、絶妙なパスを2人に送ることができた。あるいは、準々決勝のイングランド戦のように1人で6人を抜いてゴールすることも。伝説のゴールシーンで、バルダーノはゴール前でマラドーナからのパスを待っていた。バルダーノはフリーだったが、マラドーナは6人を抜き去って得点した。試合後、バルダーノが無力感を感じていると、

「パスしないで悪かったな」

と、マラドーナに言われて言葉を失ったそうだ。6人を相手にドリブルしている最中ですら、自分を視野に収めていた事実にバルダーノは圧倒されたという。

複数の相手に囲まれ、足を狙われ、体で止めに来るのを外しながら、マラドーナは周囲を見たり感じたりできる能力があった。ただの個人プレーヤーではなく、圧倒的な個人技を発揮しながらチーム全体を俯瞰していた。試合の流れを把握して緩急をつけ、時間帯に応じてプレー

図 14　1986 年W杯のアルゼンチン

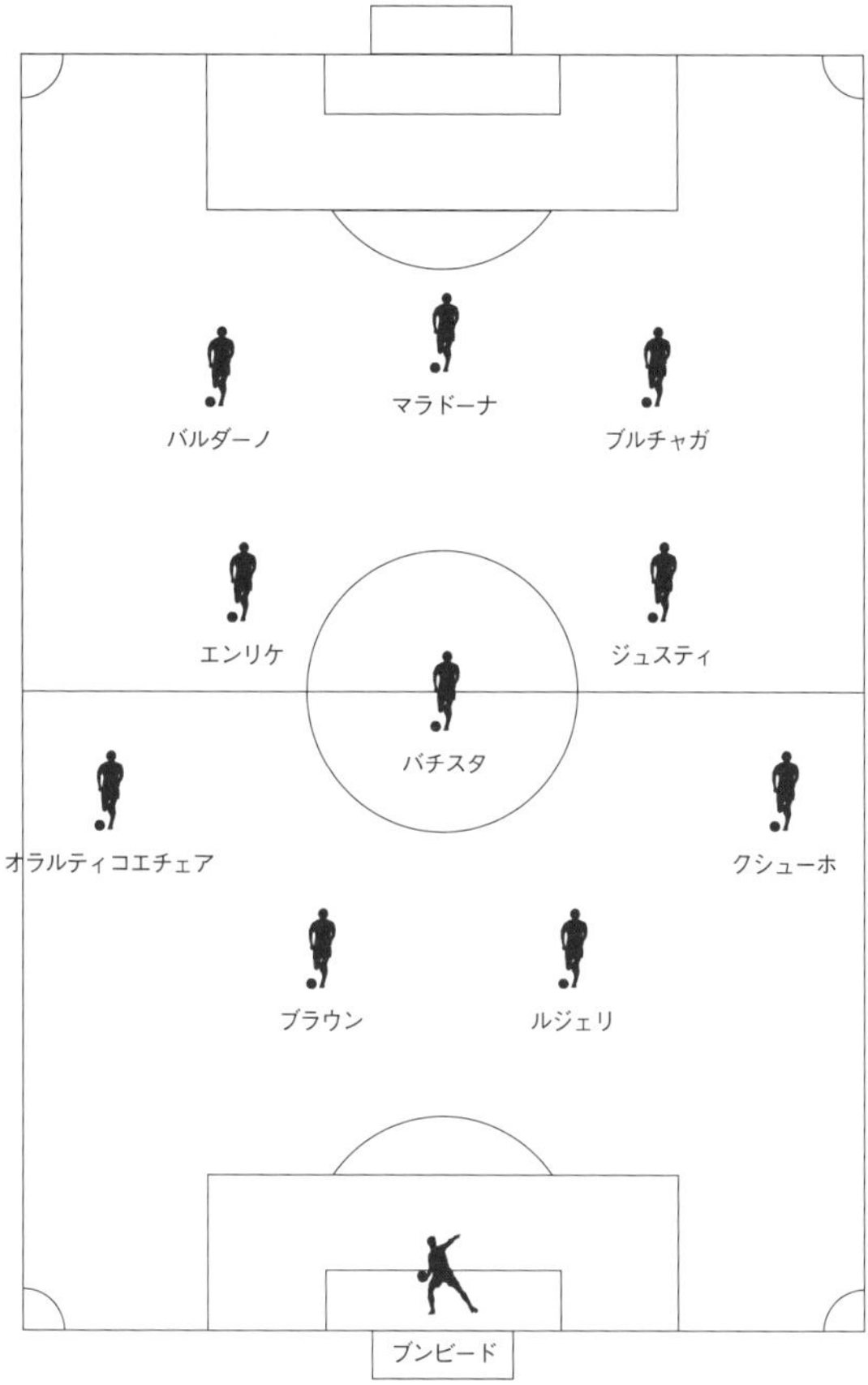

を選択し、ここという勝負どころを外さない…生きる神話のような存在感があった。

これだけのプレーヤーがいて、依存するなというほうが無理である。バルセロナもメッシ依存症とよく揶揄されるが、アルゼンチンのマラドーナへの依存度はそんな程度ではない。すべてがマラドーナを前提として構築されていた。7人も地味なハードワーカーを置いただけでなく、ブルチャガとバルダーノもマラドーナとぶつからないタイプである。要はマラドーナ以外の全員で守り、マラドーナを手助けできる最少人数を用意した。ビラルドの戦術はカテナチオ真っ青の守備型だが、メキシコ大会の7試合では14得点している。ほとんどはマラドーナ絡みで、マラドーナさえいれば1試合2点はとれたわけだ。逆にこれだけ守備に気を遣っているわりに5失点は多い。3試合は完封しているものの、そこそこ失点もしていて鉄壁ではなかった。つまり、ビラルド監督の計算は合っていたわけだ。

マラドーナさえいれば点はとれる。あとはそれ以上に失点しなければいい。本書のメインテーマであるトータルフットボールの系譜からは全く外れたチームである。

マラドーナは4回のワールドカップに出場しているが、最も輝いたのはビラルド監督下の86年と90年だった。攻撃的な編成のメノッティ監督下の82年は不完全燃焼に終わり、同じく攻撃的なメンバーを揃えた94年のアルフィオ・バシーレ監督のときはドーピング検査で陽性反応が出て大会途中で出場停止となり、アルゼンチンもベスト16で敗退している。94年米国大会のアルゼンチンはガブリエル・バティストゥータ、クラウディオ・カニージャ、アベル・バルボを前線に並べ、トップ下にマラドーナを配した超攻撃的な布陣。33歳のマラドーナは運動量をセーブしながらも、勝負どころでは傑出したプレーをみせていた。いよいよこれからという段階で大会から締め出されたのは、アルゼンチンにとっても痛恨だったに違いない。

ただ、どういうわけかマラドーナは強力なチームメートに恵まれていないときのほうが本領を発揮する。アルゼンチンでもナポリでも、頼り切られる状況のほうが生きる。苦しい展開を乾坤一擲のビッグプレーでひっくり返すときに最も強い輝きを放つのだ。その点はチームメートの援護をたっぷり受けていたプラティニやジーコとは違う。ペレも含め、歴代のスーパースターは強いチームのエースとして君臨していた。彼らなしでもフランス、ブラジルは強かっただろうし、チームに恵まれていなければ彼らもあれほどのプレーはできなかったかもしれない。しかし、マラドーナの場合は弱いチームを独力で引っぱり上げている。マラドーナなしでは優勝などありえないチームだった。チームメートに恵まれて楽々と勝利したのは79年のワールドユース優勝時ぐらいだろう。

トータルフットボールとは無縁な選手だったのかもしれない。個の能力が巨大すぎて、他のプレーヤーはどうしてもマラドーナに奉仕する立場になってしまう。しかし、そのほうがチームのバランスはいい。強度の高いプレーをするマラドーナは「一息」を必要としていて、ハードワークを肩代わりしてくれるチームメートが不可欠だった。82年のようにケンペス、アルディレス、ディアスまで共存させようとすると、それで相手を圧倒できるほどの力の差がなければ勝ち続けるのは難しくなる。一方、最小限のサポートメンバーをつけて、あとは守備に人数を回した86、90年はどちらもファイナルまでは勝ち上がった。

ブラジル人の〝フェノメノ〟、ロナウドは1シーズンだけバルセロナでプレーしているが、そのときはあのバルサでさえ「戦術ロナウド」になっていた。マラドーナはロナウドほど個人プレーヤーではないが、絶対的な切り札を手にしたとき、チームはトータルフットボールには近づかないだろう。

Chapter 8
プレッシングとドリームチーム

サッキとクライフ

アリゴ・サッキが名門ACミランの監督に抜擢されたのは1987年。サッキ監督の率いていたパルマがコッパ・イタリアでミランを破り、シルビオ・ベルルスコーニ会長の目にとまった。後のイタリア首相は周囲の反対を押し切ってサッキを招聘する。

ヨハン・クライフは85年にアヤックスで監督デビュー。サッキがセリエBにいたパルマの監督に就任したのと同じタイミングだ。サッキがミランの監督として最初のシーズンでセリエA優勝を成し遂げた88年、クライフは夏にバルセロナの監督になった。

サッキはミランで新戦術「プレッシング」を世に送り出す。プレッシングの〝発明〟は、戦術史をそれ以前と以後に二分するほどの大きな出来事だった。プレッシングの登場から、フットボールは〝現代〟になった。

クライフはアヤックスを3シーズン率いた後、選手時代と同じようにアムステルダムからバルセロナへ移る。そこで「ドリームチーム」を作り上げる。ドリームチームの哲学と戦術は紆余曲折を経ながらも継承され、ジョゼップ・グアルディオラ監督の時代にピークに達する。フットボール史上最高水準のチームといっていいだろう。

サッキとクライフは全く違うタイプの監督だが、ともにルーツとしていたのがオランダのトータルフットボールという意味では共通している。サッキはカテナチオの国であるイタリアの監督らしく、守備のイノベーションによって攻撃的なチームを出現させた。プレッシングのアイデアの源となったのが74年のオランダだ。靴のセールスマンだったサッキはオランダとは全く無関係の人物なのだが、トータルフットボールを彼なりの解釈で再現してみせた。一方、オランダのキャプテンでエースだったクライフは本流そのものだ。まさに自分たちがやってみせたフットボールをバルセロナで実現させたのだが、クライフも74年当時の戦術をそのままコピーしたわけではない。

スコットランドのフットボールはオーストリア、ハンガリーを経て、オランダや西ドイツを経由し、サッキとクライフによって2つの方向に分けられた。そのときは気づかなかったが、振り返るとこのときが分岐点だったとわかる。トータルフットボールの潮流は二分された。ともにオランダを源としながら、ここから似ていない兄弟として、それぞれの進化を遂げていく。互いを否定しあい凌駕しあう相克の歴史が始まる。

先に世に出たのはサッキのほうだ。クライフの改革もアヤックスで静かに始まっていたが、当時のセリエAは世界最高峰のリーグでありオランダリーグとは注目度が違う。プラティニ、ジーコ、マラドーナが競演した華々しい時期の終わりだった。サッキ監督の率いるミランは87

−88シーズンでいきなり優勝、次のシーズンにはチャンピオンズカップを制覇し、その次も連覇する。ルート・フリット、マルコ・ファン・バステン、フランク・ライカールトの〝ダッチ・トリオ〟を擁し、それまでのフットボールの概念を一変させる強烈なパフォーマンスを披露した。

「あれがフットボールなら、俺たちがこれまでやってきたのは何だったのだ？」

かつてハンガリーやオランダのときにも聞かれたセリフが、ミランに敗れた者たちからも漏れている。ただ、ミランがトータルフットボールの系譜にありながら一線を画しているのは、その強さの軸になっているのがパスワークではなかったことだ。ミランはパスワークも見事だったが、彼らの強烈さはそこではない。ペレがいたころのブラジルも含め、それまでのスーパーチームとミランの相違点である。

サッキ監督が改革したのは攻撃ではなく守備だったからだ。かつてオランダが「ボール狩り」で見せつけた迫力と斬新さ、それをリメイクした。その守備は〝攻撃的〟で、守備にアグレッシブという形容詞がつくようになるのはこれ以降だ。アグレッシブな守備を攻撃に転化することで、サッキ流のトータルフットボールが成立している。

74年当時のボール狩りは、ボールを保持している敵を殲滅するような勢いに溢れていた。その瞬間には、相手チームと観客を圧倒するスペクタクルがあった。ただ、オランダがボール狩りを発動させていたのは1試合で数回にすぎない。サッキは、それをほぼ90分間継続できるようにした点で画期的だったといえる。

有無を言わさずプレスし、ボールを奪いとり、その勢いで攻め込む。全盛期のミランは相手チームに全く何もさせずに蹂躙していた。ディエゴ・マラドーナのナポリを打ち破り、88－89のチャンピオンズカップ決勝ではステアウア・ブカレストを4－0と圧倒。ミランに特定のプレーメーカーはおらず、リベロもいなかった。ルーマニア代表の名リベロだったミロドラク・ベロデディチ、東欧のマラドーナと呼ばれたゲオルゲ・ハジは何を思っていただろうか。彼らのようなプレーヤーが存在しないミランによって、彼らは試合から消されてしまっていた。

従来とは違う強度、おそらく全く違うであろうコンセプト、それを実現するためのトレーニング…世界中のコーチがミランに注目し、練習場のミラネッロには〝ミラン詣で〟が起きている。

世界中の指導者がミランの秘密を探り始めたとき、クライフはプレッシングに興味を示していない。サッキがイタリア代表監督に転身した88年にバルセロナの監督となったクライフは、

「優れた技術の前ではプレッシングは無力だ」

と、話していた。やがてその言葉は実現し、ドリームチームはプレッシングへのアンチ・テーゼとして称賛されるのだが、クライフ自身はミランへの対抗策としてバルサの戦術を構築したわけではなかった。サッキがミランの監督に着任したのと同時にアヤックスで指揮を執り始めていて、そのときから後にバルセロナで開花させるフットボールをスタートさせていたのだ。

トータルフットボールの継承者として、サッキとクライフは別々の場所で同時に改革を始めていた。

リバプールの黄金時代

「プレッシングは私の発明ではない。50年代にはホンベドがあり、70年代にはアヤックス、80年代にはリバプールがあった」（アリゴ・サッキ）

このサッキの言葉はリヌス・ミケルスが「先にオーストリアがあった」と語っていたのと同じだ。ただ、サッキがあげた3つのチームの中でリバプールは異質である。年代順に偉大なチームを列挙しているだけかもしれないが、マジック・マジャールの母体となったホンベド、元祖トータルフットボールのアヤックスに次いで、リバプールをあげているところにサッキの思想を読み取れる気がする。リバプールは他の2つとは違う特徴のチームで、おそらくサッキが直接的に参考にしたのはリバプールなのだ。

リバプールは名将ビル・シャンクリーが15年間率いて黄金時代の礎を築いている。チャンピオンズカップに優勝するのはシャンクリー監督の下でコーチだったボブ・ペイズリーとジョー・フェーガンが監督の時代だが、さまざまなアイデアと強力なカリスマ性でリバプールを偉大なクラブにしたのはシャンクリーだった。2部から昇格させ、UEFAカップを獲得し、64−65シーズンはチャンピオンズカップのベスト4に進出。66−67にも参戦した。そのときにアヤックスと対戦している。

アヤックスのエースは当時19歳のヨハン・クライフだった。リバプールは2試合合計3−7と大敗し、シャンクリー監督はこのときにパスワークの重要性を再認識したという。やがてリバプールは英国勢としては別格のパスワークで知られるようになるが、そのきっかけがアヤックス戦だったというわけだ。

シャンクリーがリーグ優勝を置き土産に引退、引き継いだペイズリー監督は76−77シーズンのチャンピオンズカップを制する。ケビン・キーガン、スティーブ・ハイウェイ、エムリン・ヒューズ、レイ・クレメンスといったシャンクリー時代の後期を支えた名選手が中心だった【図15】。77−78にも優勝して連覇を達成、しかしこのときはメンバーが変わっている。ハンブルガーSVに移籍したキーガンの代役としてケニー・ダルグリッシュが活躍、中盤の司令塔にはグレーム・スーネス、守備の要もアラン・ハンセンになっていた。主軸が入れ替わっているのに連覇という珍しいケースだ。

リバプールは80−81に三度目の戴冠、さらに83−84には四度目の優勝。84−85も決勝まで進んで五度目を狙ったが、プラティニのいたユベントスに0−1で敗れた。この決勝は「ヘイゼル

図15　1976－77シーズンのリバプール

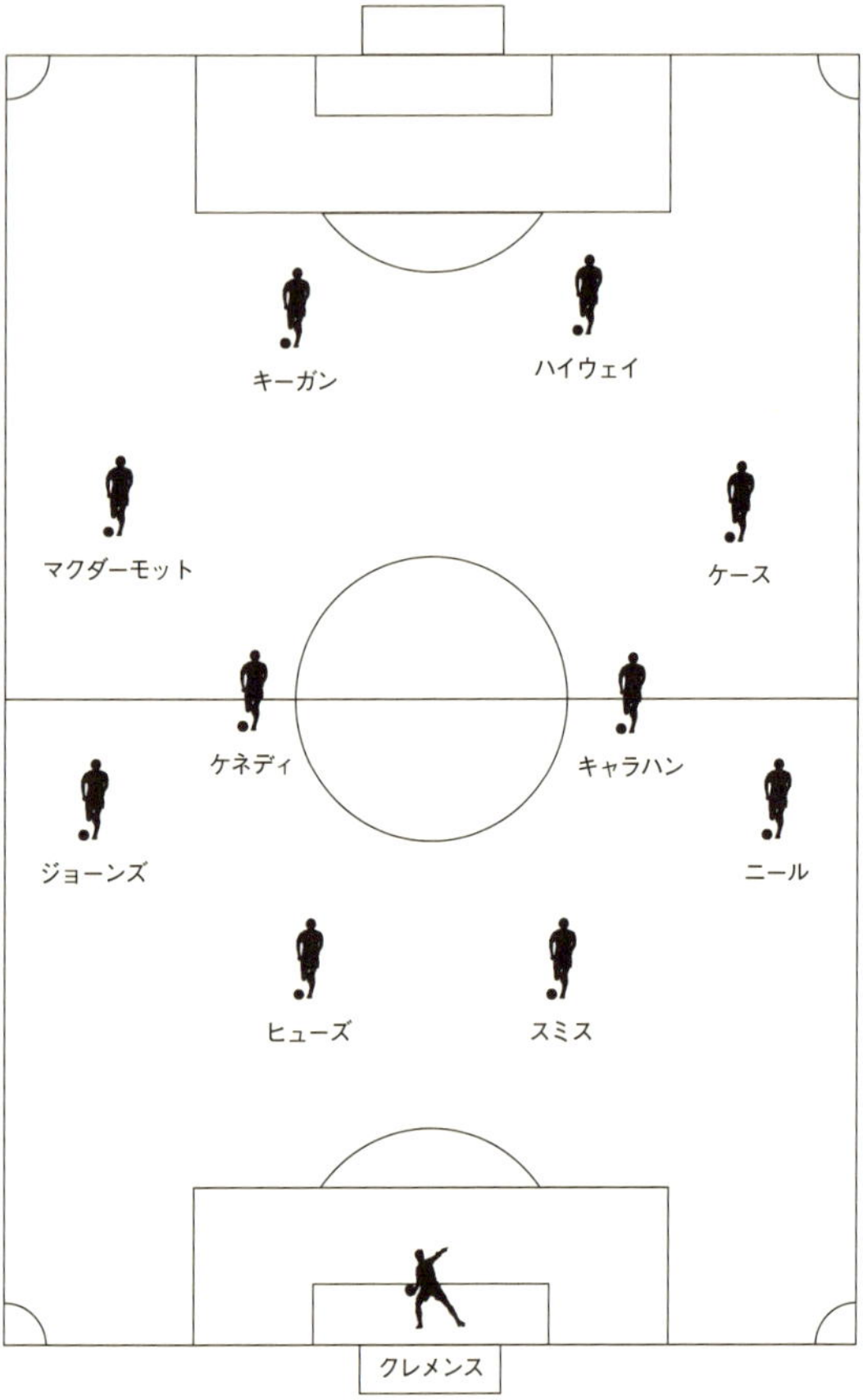

の悲劇」として知られ、これを機にフーリガン問題でUEFAにとって頭痛の種だったイングランド勢はヨーロッパのコンペティションから締め出されてしまう。リバプールは国内で相変わらず強力だったが、国際舞台で最強だった時代はここまでだ。

選手が入れ替わりながら70年代後半から80年代いっぱいまで一貫して強かったリバプールは、プレースタイルも一貫している。

4－4－2できれいに区画されたゾーンで各選手が均等に攻守を担った。すべての選手がすべてのポジションをこなすのがトータルフットボールの理想とすると、リバプールのゾーンシステムは真逆と言っていい。各エリアのスペシャリストが、それぞれのエリアでの仕事をまっとうするポジション固定型のフットボールだからだ。しかし、個々のプレーヤーが攻守をこなすという点ではトータルフットボールの指向と合致している。

例えば、中盤中央のイアン・キャラハンはリバプールの傑出したプレーメーカーだった。インサイドキックの精度は抜群で、この時代に彼ほど正確で強いサイドキックを蹴れるプレーヤーは少ない。レンジの長いグラウンダーのパスはリバプールのトレードマークだったが、その代表格がキャラハンだ。しかし、リバプールはキャラハンにボールを集める戦い方をしていない。力のあるベテランなので自然とパスは入ってくるし、ボールを持てば誰よりも有効なパスは出せる。ただし、キャラハンのプレーエリアはある程度限定されていて、あくまでも中盤中央右側のプレーヤーだった。必ず特定のプレーヤーにボールを経由させるという従来型のスタイルをリバプールは採っていなかった。

70年代あたりから、ポジション名はポジションを指さなくなっている。60年代まではライトインナー、レフトウイングというように場所＝ポジションだった。ポジションが場所なのは当たり前だが、カテナチオの導入やトータルフットボールの出現によって、場所よりも役割でポジションを表現するようになっていった。例えば「プレーメーカー」には場所が入っていない。中盤の中央にいることが多いけれども、ベッケンバウアーのように最後尾にいるプレーメーカーもいれば、クライフのように最前線を基点とするプレーメーカーもいたわけだ。ポジション名というより役割名。西ドイツのエースキラーとして知られていたベルティ・フォクツは右サイドバックが基本位置だが、74年決勝ではオランダのCFであるクライフを密着マークした。ボルシアMGでリバプールとチャンピオンズカップ決勝を戦ったときはキーガンのマーク役だった。フォクツの役割は相手のエースをマークすることで、相手のいる場所でフォクツの場所も決まる。役割は一定だが、場所は同じではない。

プレーメーカー、ストライカー、ストッパー、守備的ハーフなど、プレーヤーが場所ではなく役割で呼ばれるようになっていた時期に出現したリバプールは、再びポジションを場所に結びつけた。

フラットな4-4の2ラインと2トップ。上下動や多少の入れ替わりはあっても、それぞれが割り振られた地域の攻守を平等に請け負う。プレーメーカーが組み立てを行うのではなく、それぞれのプレーヤーがそのときどきで前線にパスを出す。守備を免除されているプレーヤーはおらず、特別な任務と責任を負っている選手もいない。非常に機能的で同時に機械的なチームだった。

誰も特別扱いしない、つまりスターが存在しないチームという哲学は、「社会主義のフットボール」を目指していたハンガリーと似ている。「15歳まで風呂に入ったことがなかった」と、炭鉱町での少年期を述懐したシャンクリー監督にとって、全員が平等に苦楽を分け合うフットボールは「社会主義」というより「炭鉱のフットボール」だったのかもしれないが。いずれにしても、リバプールのスタイルは直接的にミランに影響を与えていると考えられる。時期の近さ、フラットな4-4-2、完全ゾーンシステムは、サッキ監督のミランそのものといえる。

プレッシング

アリゴ・サッキ監督がACミランに導入した「プレッシング」は、74年オランダの「ボール狩り」を継続的に行えるようにしたものと考えられる。カギになったのはゾーンディフェンスの導入だ。

オランダの守備は基本的にはマンツーマンだった。マンツーマンで相手をマークしてリベロが余るという守備組織である。ボール狩りを発動させたときは、マークを受け渡しながらボール周辺への圧力を高め、ディフェンスラインを上げて全体を圧縮する。サッキのミランも敵陣での守備はオランダとほぼ同じだ。違うのはハーフウェイライン付近。そこからはゾーンの網を敷く守備を用意していて、ボール狩りが二段構えになっていた。

4―4―2の3ラインの間隔を詰めたコンパクトな陣形がそれを可能にしているのだが、それを実現できたのは緻密なラインコントロールがあったからだ。

オランダはラインコントロールというよりもオフサイドトラップだった。いったんボール狩りが発動すれば後戻りはせず、1人がかわされても次の選手が間髪入れずに奪いに行く、その間にディフェンスラインは縦方向にマークの受け取りをしながら前進し、最終的にはディフェンスラインそのものが消滅してしまうこともあった。ボール狩りが発動したらディフェンスラインは押し上げの一手で、相手の2列目がライン裏に飛び出したときにはオフサイドにするか、MFやFWが緊急的に下がって対処した。

ミランの場合、急激にディフェンスラインを押し上げていくのではなく、予めラインを高い位置に設定して全体をコンパクトにする。いきなり10メートルも押し上げるのではなく、最初からMFラインの10〜15メートル後方にディフェンスラインを置いておいて、そこからなるべく下げない。高い位置にラインをキープするために、ボールの状態に応じて3メートルほど上げたり下げたりの細かい動きを行っていた。オランダのようにリベロは起用せず、4バックは横一列のフラットラインだ。後方カバーのリベロを使っていたら細かなラインコントロールは難しい。4人を揃えたままラインコントロールをするにはフラットラインが適していた。

ディフェンスラインを上げるか下げるかは、ボールの状態によって決めている。

「相手を見るな、ボールを見ろ」

サッキ監督の要求は、リベロとマンマークに慣れきっていたイタリア人にとって意識改革を強いられたといっていいだろう。ミランの場合は前任のニルス・リードホルム監督のときにゾーンディフェンスを採り入れていたので違和感は少なかったと思うが、それでもフランコ・バレージなどはサッキに言わせると「劣等生」だったそうだ。どうしても目の前の相手FWを見てしまう習慣が抜けなかったのだろう。サッキの「ボールを見ろ」は、ボールの状態を見ろという意味である。

ラインを上げるのはラインの裏へ狙い定めたロングボールを蹴られる心配がない状態のとき。つまり、ボールが移動中で誰の足下にもない場合は裏へ蹴られる心配はないのでラインは上げる。大きくバウンドしている場合も同じ。ボールが相手の足下にあっても、そこへ味方がプレッシャーをかけていれば、ロングキックを狙われるリスクは少ないのでラインは上げる。相手が背中を向けているときもラインアップ。逆にボールホルダーがフリーで顔が上がっている状態なら、ラインを下げて背後をつかれないようにする。ボールの状態によって自動的にラインを上下させていた。

このオートマティズムが確立されていないと、ラインが不揃いになってオフサイドをとれない、ロングパス1本で裏をつかれるといったピンチに陥ってしまう。判断の基準を予め決めておいて徹底しておく必要があった。個々のDFの判断で行えばバラつきが生じるので、4人のDFは常に判断が一致していなければならないわけだ。

ボールが動くたびにディフェンスラインが細かく上下する。この緻密なラインコントロールによって、ミランは常に陣形をコンパクトな状態に保つことができた。FWからDFまでは30メートル以下、この守備ブロックに近づいたらプレッシャーをかけると同時に、ゾーンの網目を縦と横の両方向から圧縮（プレッシング）する。

ミランの守備戦術はリバプールなど英国勢の4－4－2と形は同じだが、機能性は格段にアグレッシブだった。従来にない強度のフットボールであり、ミランはまず自分たちがその強度とテンポに慣れるために、「鳥かご」と名付けた四方を壁に囲まれた特設のミニコートでトレーニングを積んでいた。

主要メンバーはGKジョバンニ・ガリ、4バックは右からマウロ・タソッティ、アレサンドロ・コスタクルタ、フランコ・バレージ、パオロ・マルディーニ。史上最強ともいわれる4バックである。MFはアンジェロ・コロンボ、ロベルト・ドナドーニ、フランク・ライカールト、カルロ・アンチェロッティ。中盤の構成は4人のフラットが基本だが、ダイヤモンド型もあった。2トップはルート・フリットとマルコ・ファン・バステンのコンビ【図16】。オランダの2トップは長身で、スピード、パワー、テクニックを兼ね備えた怪物的なコンビだ。

サッキ体制初のチャンピオンズカップ参戦となった88-89シーズンは、準決勝でレアル・マドリーを1-1、5-0の合計6-1で粉砕。当時のレアルは「キンタ・デル・ブイトレ」の全盛期だが、エミリオ・ブトラゲーニョ、ウーゴ・サンチェスの2トップはミランのラインコントロールに身動きがとれなかった。決勝のステアウア・ブカレスト戦も4-0、圧倒的なチャンピオンである。10得点のファン・バステンは大会得点王になった。

ファン・バステンは88、89年のバロンドールに選出され、92年には3回目の受賞。3回受賞はクライフ、プラティニに並ぶ快挙だった。188センチの長身だが俊敏で、ボールコントロールとシュート技術は絶品。洗練されたテクニックを持つ万能型のストライカーだ。ミランには95年まで在籍したが、最後にプレーしたのは93年のチャンピオンズカップ決勝である。そのときはまだ28歳、度重なる背後からのファウルによって足首にダメージを負い、手術を繰り返

図16　アリゴ・サッキのACミラン

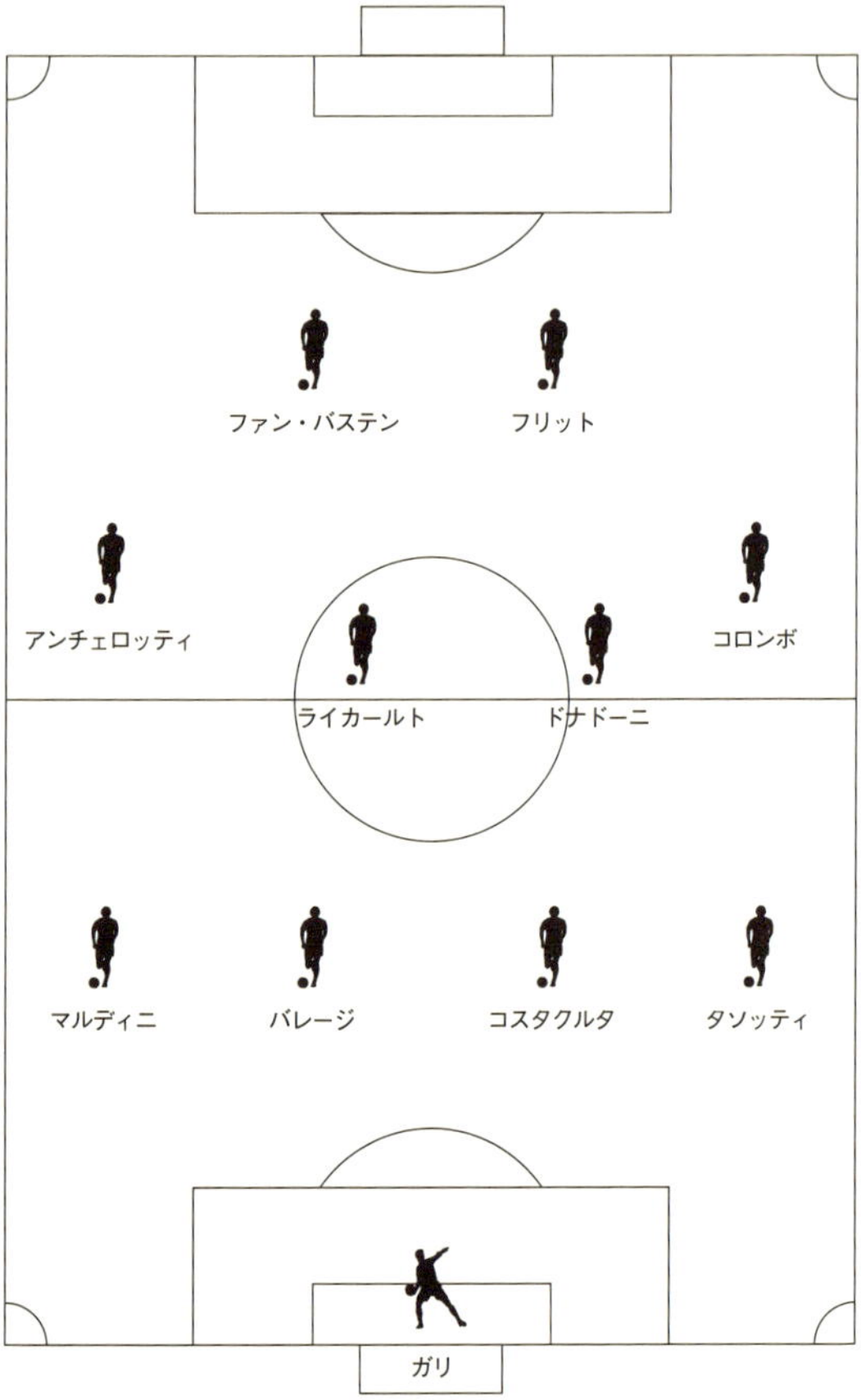

したが完治しなかった。以後、ＦＩＦＡは背後からのタックルを厳しくとるように通達を出している。あれだけのスキルがあれば40歳ぐらいまでプレーできたはずで、４回目のバロンドールも受賞できていたかもしれない。

ＰＳＶ、フェイエノールトを経てミランに移籍してきたフリットは、ミラン快進撃のスタートとなる87－88セリエＡ優勝の立役者だ。ファン・バステンが天才ストライカーなら、フリットは天性のオールラウンダー。ＰＳＶやフェイエノールトではリベロとして名をあげ、ミランではＦＷとして活躍。監督がファビオ・カペッロに引き継がれると、右ウイングまたは右のサイドハーフとしてプレーした。ミランからサンプドリア、チェルシーへ移籍したときにはボランチもやっている。スピードもパワーもあり、空中戦の威力は抜群、足下のテクニックも素晴らしかった。ドレッド・ヘアを振り乱してのダイナミックなアクションは新タイプのプレーヤーの到来を印象づけたものだ。ダッチ・トリオの登場から、軒並みプレーヤーが大型化していったが、その象徴ともいうべき存在だった。

もう1人のオランダ人、フランク・ライカールトもオールラウンダーである。オランダ代表ではセンターバックだったが、ミランでは中盤の中央でプレーした。ＭＦをダイヤモンド型に組むときはトップ下に入り、ときにはＦＷとして起用されたこともある。フリット同様に身体能力が桁外れで、攻守両面で圧倒的な存在感を発揮した。

守備の要はフランコ・バレージ。細身でCBとしては小柄だが、読みの鋭さとカバーリングの速さでミランのプレッシング・フットボールにおいて不可欠な存在だった。当初、サッキの戦術で「劣等生」と言われるほど飲み込みが悪かったのは、バレージの鋭すぎる守備嗅覚のせいもあったかもしれない。4バックが一糸乱れず行うラインコントロールはプレッシングの前提である。ただ、4人の判断と行動を揃える過程で、バレージの人並み外れた読みの鋭さは邪魔になったのだろう。しかし、ぎりぎりでラインの裏をつかれたときにチームはバレージの能力に何度も救われていた。4人揃えてラインを上げながら、バレージだけがいち早く危険を察知して後退し、猟犬のようにボールを追ってクリアすることが多々あった。フラット4が非常に規則的な動きを要求される中、バレージだけが不規則に動いてピンチを防ぐこともあった。優れたストライカーが得点の嗅覚を持つように、バレージには守備の嗅覚が備わっていた。

〝ビリー〟コスタクルタとパオロ・マルディーニは、サッキ時代にはまだ二十歳そこそこの若手だ。ともに長くミランの栄光を支えていくことになる。マルディーニは左サイドバックとしてプレーしていたが、やがてCBとしても地位を確立した。もともとは右利きながら、後天的左利きともいうべき両足利き。テクニック、スピード、パワー、高さを兼ね備えた弱点のないDFである。

中盤のセンターでもサイドでもプレーしたロベルト・ドナドーニも不可欠のプレーヤーだ。

ドリブルの名手だが、パサーとしても堅実なプレーをみせ、攻守ともに働けるところはサッキ流トータルフットボールの模範生といえる。ドナドーニより地味だが、カルロ・アンチェロッティも監督好みの賢いハードワーカーで、後に師匠のサッキを超える名監督になった。

80年代の終わりと90年代はミランの時代だ。ただし、サッキ監督がセリエAを制したのは最初のシーズンだけ。チャンピオンズカップは連覇しているが、ハイラインのプレースタイルは分析されればリスクもあり、自らの消耗も激しかった。むしろ国内で黄金時代を築き上げたのは後任のファビオ・カペッロ監督の時代である。カペッロはサッキの戦術を継承しながらも、少しラインの位置を低くしてリスクを軽減した。選手に対してもサッキほど過酷な要求はしていない。サッキは戦術マニアで、選手に次々と新たな課題をつきつけていて、エースのファン・バステンと関係が悪化するなど軋轢もあった。カペッロは締めつけすぎていたものを少し緩めた程度だが、それによってより多くの収穫を手にしたわけだ。

サッキの戦術は当初衝撃的だった。しかしまもなく分析と研究が進み、いくつかのチームがプレッシングを採り入れるようになっていく。90年代半ばには大量の模倣者が溢れ、もはやプレッシングは〝普通の戦術〟になっていった。カテナチオを世に知らしめたエレニオ・エレーラ監督のインテルが模倣されたときと同様に、多くの劣化コピーを生み出していく。高度な規律と運動量を要求される戦術を消化するために、ボールプレーヤーに代わってハードワーカーが重宝された。オリジナルのミランは攻守に優れたプレーヤーを揃えていたが、そこまで戦力を整えられないチームがほとんどである。それでもプレッシングをマスターすれば一定の効果は保証されるから、中小のクラブにとってミランの戦術は追随する価値があった。しかし、結果的に90年代からフットボールはいわば暗黒時代に突入することになる。カテナチオの蔓延と同じく、攻撃を犠牲にして守備だけが発達し、ゲームの醍醐味が減少していった。

ドリームチーム

かつて〝エル・サルバドール〟(救世主)と呼ばれた地にヨハン・クライフが監督として戻ってきたのは88年。すでにアヤックスの監督としてカップウィナーズカップを制するなどの実績はあったものの、バルセロナがどの程度クライフ監督に期待していたのかはわからない。当時、バルサは〝エスペリアの叛乱〟と呼ばれた選手たちの首脳部への反逆があり、ジョゼップ・ルイス・ヌニェス会長はスーパースターだったクライフの人気を利用して一連の騒動を収めようという招聘理由もあったからだ。

ところが新監督が着任してみると「これはまずいんじゃないか」という雰囲気になったようだ。理解できなかったのだ。

「突然のように天才だと言われるその日までは狂人だとみなされる」（ヨハン・クライフ）

クライフが監督としても天才だとすぐに理解できたわけではなかった。就任初年度の88－89シーズンは、周囲が首を傾げることだらけだった。ペナルティーエリアを出てリベロのようにプレーすることを要求されたGKアンドニ・スビサレタが、

「そんなに前に出て、ロングシュートを決められたらどうするんですか」

と聞くと、

「そのときは相手に拍手するのさ」

と、言われて絶句したという。

このシーズンのバルセロナは「ヒッチコック・ディフェンス」と揶揄された。ヒッチコックはもちろんサスペンス映画の巨匠アルフレッド・ヒッチコックのこと。ハラハラドキドキの不安定な守備という意味だ。3－4－3のフォーメーションで前線からプレッシングを行う様子は確かに後のドリームチームに通じるものがあったが、組織化されたミランのプレッシングに比べるとむしろ無謀にしか思えない代物だった。このシーズンのバルセロナはリーグ2位だが、バルサにとって2位は〝失敗〟である。優勝したのはキンタ・デル・ブイトレのレアル・マドリーだった。ただ、カップウィナーズカップではサンプドリアに勝って優勝している。このタイトルがなければ、クライフ監督のクビは1年で飛んでいたかもしれない。

ただ、終わってみれば失点は3位バレンシアと並ぶリーグ最少の26失点だった。守備が改善されたわけではなく、ずっと危なっかしいままだったのだが「攻撃は最大の防御」という監督の考え方でやってみた結果、意外なほど失点しなかったのだ。繰り返すが、この時点のバルセロナはドリームチームでも何でもない。理想とする状態には程遠かった。それでもそこそこの結果が出ていたわけだ。

2年目は3位。リーグの順位は1つ下がっているが国王杯を獲っている。このシーズンはロナルド・クーマンとミカエル・ラウドルップが加入。クーマン、バケーロ、ラウドルップの縦のラインが揃い、クライフの構想は形になりつつあった。

3年目の90－91に念願のリーグ優勝。ここから4シーズン連続でリーガ・エスパニョーラを制し、91－92はクラブに初のチャンピオンズカップ優勝をもたらす。「ドリームチーム」の誕生である【図17】。3年目にフリスト・ストイチコフが加わり、4年目にはジョゼップ・グアルディオラが「4番」のポジションに定着した。

クライフは連続在任期間としてはバルセロナ歴代最長の8シーズンも指揮を執るのだが、最後の2シーズンはリーグ4位、3位に終わっている。ロマーリオ、ラウドルップの移籍した穴を埋めきれず、世代交代に失敗した。ヌニェス会長との確執も修復不可能になっていた。

ドリームチームの名称は、バルセロナ五輪に優勝したバスケットボール米国代表がオリジナ

図17　ドリームチームのバルセロナ

ルだ。マジック・ジョンソンやマイケル・ジョーダンのいるオールスターチームで、まさに無敵だったのだが、バルセロナはそこまで強くない。ドリームチームはやや名前負けの感もある。正直、クライフ監督のバルセロナは過大評価されていると思う。

4シーズン連続でリーガ・エスパニョーラを制したときも、そのうち3回のポイント差はぎりぎりで、かなり幸運に恵まれての優勝だった。決して無敵のチームではなかったし、いろいろとあげれば欠点もあった。

ただ、このチームが非常に魅力的だったのは間違いない。ある意味、ドリームチームの本当の偉大さが理解されたのは、ペップ・グアルディオラ監督の時代になってからなのだ。クライフが就任した88年から20年経過して、ようやくクライフの構想が現実になっている。グアルディオラはクライフを「ラファエロ」に喩えた。自分たちはラファエロ・サンツ工房の弟子であり、師匠の手がけた作品の仕上げをしたにすぎないというわけだ。ドリームチームそのものも素晴らしいフットボールを見せていたが、本当に偉大だったのは、そのときに実現しなかった構想そのものだった。

4番と6番と9番、そしていぶし銀のパサーたち

クライフ監督はアヤックス時代に用いていた3-4-3システムをバルセロナに導入している。4-3-3もやっているので、フォーメーションそのものはさして重要ではない。ただ、クライフの構想を理解するには3-4-3の基本構造を知っておくほうが便利なので少し補足しておく。元になっているのは70年代に一般的だった4-3-3である。オランダは背番号のつけ方がわかりやすく、後方の右側から順番に割り振っている。DFは右から2、3、4、5番だ。そして、3-4-3ではCBの4番が1つポジションを上げることになる。それに伴って中盤底の6番のポジションが上がってトップ下になる。つまり、3-4-3の縦軸となる選手の背番号は3番（CB）、4番（ピボーテ）、6番（トップ下）、9番（CF）となるわけだ。

クライフが最重視したのは4番だ。スペインでは「クアトロ」と番号で呼ばれるようになる役割である。

あるテレビ番組のインタビューに答えて戦術を語り始めたクライフは、まずテーブルに置いてあったフィールドを模した布（戦術布?）を手前に引っ張り、布の3分の1ほどが垂れ下がってしまった。垂れ下がった自陣の3分の1、ここについては話す気がないのだ。そして4番

と書かれた選手を模した丸いコマをセンターサークルに置き、「ここが最も重要だ」と話し始めた。

センターサークルに置いた4番はビルドアップの核になる。他の選手のポジショニングは4番を囲むようになっていて、4番はいわばチームのヘソに位置する。ボールは4番を経由し、最もボールに触る機会の多いポジションになるわけだ。そこで、クライフは最もテクニックのあるプレーヤーを4番に起用した。最初はルイス・ミジャであり、クーマンやギジェルモ・アモールを経て、グアルディオラが決定版となった。

当時、このポジションには守備力の高い屈強な選手を起用するのが普通だった。グアルディオラは線が細く、守備的なタイプでもない。しかし、クライフにとってはグアルディオラこそ理想の4番だった。重要なのは、ボールを奪うより奪ったボールを失わないこと。ボールを持っているかぎりは相手に攻められることもない、攻められたときの守備力をどうするかではなく、守備機会を減らすことが守備力の強化になるという発想である。攻撃は最大の防御というわけだ。もちろん守備機会はゼロにはならないので、グアルディラの両脇を運動量と守備力のあるMFで固めているけれども、まず大事なのはボールを確保するほうだった。

確保したボールをいかに前方へ運ぶかについては6番がキープレーヤーになる。

「1タッチでプレーできれば素晴らしい選手。2タッチはまあまあ、3タッチはダメな選手」

（クライフ）

6番の役割は、縦パスを受けて確実に味方へつなぐこと。4番よりも相手を背負ってパスを受ける機会が多くなる6番は、1タッチで味方へさばくプレーが必須。ホセ・マリア・バケーロはうってつけのプレーヤーだった。バケーロは1タッチプレーのスペシャリストで、むしろドリブルができないタイプといっていい。野球のバント職人のように、縦パスを落として味方を前向きにプレーさせていた。バケーロは小柄にもかかわらずヘディングも強く、得点力があった。ボールをさばいた後はゴール前へ入っていってシュートを狙う。

9番はファルソ・ヌエベ。クライフ自身が現役時代にそうだった「偽CF」である。

当初は偽ではなく本格的なCFであるフリオ・サリナスが起用され、後にはロマーリオ、ストイチコフ、バケーロなどさまざまなタイプが使われているので、常にファルソ・ヌエベだったわけではないが、ドリームチームを代表する9番はミカエル・ラウドルップだ。スピードと技巧が高次元で融合した、この時代で最もファンタスティックなアタッカーの1人である。スルーパスの上手さは芸術的であり、得点力もあり、突破力も抜群なのでウイングでもプレーした。現役時代のクライフに最も近いタイプといえる。

点取り屋はむしろウイングで起用されている。86年メキシコワールドカップの得点王ガリー・リネカーはもっぱら右ウイングだった。フリオ・サリナスもサイドに置かれたし、ストイチコフは左右どちらでもプレーした。ただ、ミゲル・アンヘル・ナダルが右ウイングに起用された試合もある。ナダルはCBやMFとしてドリームチームを支えたプレーヤーだが、資質的にはDFであって点取り屋ではないしサイドアタッカーでもない。ファルソ・ヌエベを使う前提としてウイングプレーヤーをサイドの高い位置に張らせる必要があるとはいえ、ナダルを置き石のようにそこへ使ったということだろうか。

ドリームチームのピークは93－94シーズンだ。シーズン91得点を叩き出した。新加入のロマーリオは公約どおり30ゴールを記録、ストイチコフとともに得点を量産している。クーマン、グアルディオラ、バケーロ、ロマーリオと強力な縦軸が揃った。この時代の外国人枠は3人なので、クーマン、ロマーリオ、ラウドルップ、ストイチコフのうち1人は出場できなかったのだが、外国人選手の力量は最高クラスで最も華やかなシーズンといっていい。ただ、ドリームチームを象徴するのは彼らではなく、比較的地味なスペイン人選手たちだったと思う。

バケーロ、アモール、ベギリスタイン、エウセビオ、フェレール、ナダルといった〝いぶし銀〟のようなバイプレーヤーたちだ。特別な能力を持っているわけではない。他のビッグクラブでプレーしていたら、ひょっとしたらレギュラーでなかったかもしれない。彼らに共通しているのはパスワークにおける高いスキルだった。さらにいずれも献身的で労を惜しまない。パスワークとプレッシングの戦術を支えていたのは、間違いなく彼らなのだ。ドリームチームと呼ばれたバルセロナだが、後のバルセロナに比べるとドリーム感がないのは外国人選手が3人しかプレーしておらず、脇役たちが地味だったからだろう。

パス、パス、パス、パス…ハイテンポのパスワークは異質だった。ホームスタジアムのカンプ・ノウは、ボールを走らせるために芝生がびしょびしょになるまで水が撒かれる。徹底的にボールをキープして攻め込み、失ったら即座にプレッシャーをかけて奪い返す。今日のバルサ・スタイルはドリームチームによって確立された。

クライフとペップのチームの違いは安定感である。

当初のヒッチコック状態ではなくなったとはいえ、ドリームチームの守備はよくいっても大胆、悪くいえばかなり杜撰だった。ボールを失った瞬間からプレッシングを行うのは20年後のチームと同じだが、コンパクトになりきっていなかった。そのため、最初のプレスが外されると二の矢、三の矢が間に合わず、かえって相手のカウンターをまともに食らうこともしばしば。ペップ時代のバルセロナは、コンパクトな状態でプレッシングしていたので効き目が違っている。ペップのバルサがコンパクトだったのは、攻撃時にすでに相手を十分に押し込んでいたからだ。

グアルディオラは、バイエルンの監督時代に「ポゼッションなどクソだ」と選手たちに話したという。ただ、「パスが15本つながらないと、コンパクトにならない」とも言っていた。つまり、ペップにとってポゼッションは一種の必要悪だったのかもしれない。クライフのチームもポゼッション能力は高かったが、ペップのチームと比べると積極的に点をとりに行っていた。パスを回してコンパクトになる以前にフィニッシュを狙いに行くことも多く、ある意味ボールを奪われた後のことまで考えていない。だから、攻守が切り替わったときのプレッシングが単発で終わることがあり、まともにカウンターをくらう機会も多かったわけだ。

ただ、プレーの魅力という点ではドリームチームはペップのバルサをしのぐものがあった。20年後のバルセロナはあまりにも完成されすぎていて、ほとんど1つのチームしかプレーしていない感さえあり、一方的すぎてゲームの醍醐味すらなくなってしまう試合もあった。ドリームチームの場合は、けっこう相手にも攻められる。そのぶん、試合はスリリングだった。たんに未完成だったのか、それともクライフはグアルディオラよりフットボールを点をとり合うゲームだと考えていたのか、ドリームチームは20年後のチームより荒削りだった。しかし、それゆえの魅力もあったといえる。後の評価ほど強かったわけではないが、フットボールの面白さを堪能させてくれるチームとして強烈な存在感を放っていた。

Chapter 9
ティキ・タカ

アヤックスの再生と没落

画期的なプレッシングでACミランがチャンピオンズカップを連覇した後の90年代、ミランに対抗する勢力も台頭してきた。

ベルナール・タピ会長が大補強を行ったマルセイユは、90－91シーズン準々決勝でミランを蹴落として3連覇を阻止する。ミランのプレッシング戦法を吸収して自らのものにしていたマルセイユと本家ミランのゲームは、圧縮した陣形同士による壮絶なボールの奪い合いだった。ミランのプレッシングはやがて一般化していくのだが、その結果としてゲームがどうなっていくかを暗示する試合だったともいえる。互いにコンパクト、狭い地域で凄まじいボールの奪い合い、同じフットボールでもラグビーに似た展開だ。

マルセイユはミランに競り勝ったが、決勝ではユーゴスラビアの名門レッド・スターに敗れている。レッド・スターはデヤン・サビチェビッチ、ロベルト・プロシネツキ、シニシャ・ミハイロビッチなどの俊英を揃えた強力なチームだった。ただ、優勝後はサビチェビッチがミランへ、プロシネツキはレアル・マドリーへ移籍するなど、主力が抜けてしまって戦力を維持できなくなり弱体化。これまでもそうした現象はあったが、この後に起こる大きな出来事の予兆だったかもしれない。

マルセイユの戴冠は2年後の92–93、決勝ではまたもミランを破っている。ただ、マルセイユは国内リーグの買収工作が発覚して2部へ降格、ヨーロッパの頂点に立った瞬間に転落してしまった。チャンピオンズリーグを勝ち抜くには相応の戦力が要る。そのためには莫大な投資が必要であること、投資を回収するには勝つしかないこと…マルセイユの不正はそうした背景があった。フットボールはもはや巨大ビジネスになり、しかもかなりハイリスクなビジネスだという現実を表していたのがマルセイユの不正事件だ。

91–92はドリームチームのバルセロナが初戴冠。93–94に二度目の優勝を狙うが、決勝でミランに0–4と大敗を喫する。

「攻撃か守備か、技術か体力か」

ヨハン・クライフ監督が「この一戦で未来のフットボールが決まる」と言った決勝は、「守備と体力」のミランの圧勝だった。

すでにファン・バステンもフリットもおらず、ファイナルではバレージすら欠いていたのにミランは強かった。マルセル・デサイーを中心に強烈なプレッシングでバルサのパスワークを分断し、ショートカウンターから次々にゴールを奪う。トータルフットボールの〝似ていない兄弟〟の対決は、ひとまず「守備と体力」の勝利に終わった。

トータルフットボールを特徴づけるパスワークとプレッシング、バルセロナとミランはどちらの要素も持っているが、よりパスワークに特化したのがバルサ、守備を洗練させたのがミランである。ミランは94－95のファイナルにも進出して連覇を狙ったが、今度はパスワークのアヤックスに敗れた。ルイ・ファン・ハール監督の率いるアヤックスは、クライフ監督時代の3－4－3による攻撃型フットボールを踏襲していて、いわばバルセロナとは兄弟分。こちらはよく似ている兄弟だ。

優勝した94－95に続き、翌年もアヤックスは決勝へ進出した。ユベントスにPK戦の末に敗れたとはいえ、この2年間のチャンピオンズリーグで19戦無敗の記録を打ち立てた。エール・ディビジでは94年から3年連続優勝しており、94－95シーズンは27勝7分、得失点差78という圧倒的な強さで「マイティ・アヤックス」と呼ばれた。

GKエドウィン・ファン・デル・サールは当時のGKとしては例外的に足技に優れていた。ダニー・ブリントを中心とした3バックも強力、〝4番〟のポジションはベテランのフランク・ライカールトが攻守に存在感を示していた。フランクとロナルドのデブール兄弟、快足ウイングのフィニディ・ジョージとマルク・オフェルマルス、トップ下にはフィンランド人のヤリ・リトマネン。ほかにもクラーレンス・セードルフ、エドガー・ダービッツ、ミハエル・ライツィハー、ヌワンコ・カヌ、パトリック・クライファートなど、才能溢れる若手がひしめいている。圧倒的なボールポゼッションと強烈なプレッシング、この2シーズンのアヤックスはドリームチームのバルセロナよりもフィジカルと規律の面で上回っていて、あの戦力をキープできていればヨーロッパのスーパーチームとして数年間君臨していただろう。

しかし、残念ながらアヤックスの黄金時代は長く続かなかった。ボスマン判決が95年に下り、テレビ・マネーの高騰と重なって、選手の大移動が始まったのだ。アヤックスの主力は軒並み移籍してしまい、マイティ・アヤックスは空中分解してしまった。レッド・スターに続き、アヤックスもこれ以降はヨーロッパトップチームの座から遠ざかることになる。金の切れ目が縁の切れ目、リッチでなければヨーロッパチャンピオンにはなれない、本格的な格差社会に突入したのが90年代だった。

アヤックスが崩壊し、ミランが全盛期を過ぎ、いわば空位となったヨーロッパの頂点に立ったのはユベントスだ。95–96から3回連続で決勝に進出している。ただ、優勝したのは最初の1回だけで、続く2回のファイナルはボルシア・ドルトムントとレアル・マドリーに敗れた。マルチェロ・リッピ監督が率いたユベントスは、ミランのプレッシングを吸収し、同時にロベルト・バッジョ、アレサンドロ・デル・ピエロ、ジネディーヌ・ジダンといった強力なアタッカーを擁して黄金時代を築いた。攻撃は鋭かったが、基本的には「守備と体力」のフットボールである。

97-98でユベントスに勝って優勝したレアル・マドリーは、99-00と01-02にも優勝。久々の名門復活だった。通算9回目の優勝だった01-02は、ジダンの伝説的なボレーシュートでバイヤー・レバークーゼンを下している。翌シーズンにはロナウドが加入し、豪華絢爛のメンバーは「ロス・ガラクティコス」と呼ばれた。ルイス・フィーゴ、ラウル、ジダン、ロナウド、ロベルト・カルロス、デイビッド・ベッカムが居並ぶ構成は50年代の黄金時代を思わせた。

02-03はミランが再び頂点に。カルロ・アンチェロッティ監督はアンドレア・ピルロをアンカーに起用する新機軸で名門を再生させ、06-07も優勝している。ブラジル人のカカー、ウクライナの快足FWアンドリー・シェフチェンコ、独特の得点感覚でゴールを量産したフィリポ・インザーギなどが活躍している。

05-06はバルセロナが二度目の優勝。奇術師のようなロナウジーニョを中心に、カメルーン人FWサミュエル・エトー、ポルトガルのMFデコなど、ドリームチームを継承する技巧的なフットボールを披露した。監督はあのライカールトである。

マンチェスター・ユナイテッド、アーセナル、チェルシー、リバプールのプレミア勢が安定的に上位に進出するようになったのも時代を反映していた。プレミアリーグはいち早くテレビ・マネーの獲得によって繁栄し、最もリッチなリーグになっていた。

マンチェスター・ユナイテッドは98-99シーズンに通算二度目の優勝を成し遂げ、07-08はプレミア対決となったチェルシーを退けて三度目の王者に。次のシーズンも決勝進出を果たした。しかし、ここで大きな挫折を味わうことになる。08−09シーズンの決勝、バルセロナがプレミア王者を破る。2シーズン後、同じカードとなった決勝でも結果は同じ。

「彼らは一晩中でもパスを回し続けられるだろう」（マンチェスター・ユナイテッド、アレックス・ファーガソン監督）

バルセロナと〝ティキ・タカ〟の時代が始まっていた。

プレッシングへの挑戦

2008年にペップ・グアルディオラがバルセロナの監督に就任したとき、実はそれほど期待されていなかったようだ。年俸もビッグクラブの監督としては安かった。ライカールト前監督時代の大エースだったロナウジーニョのコンディション低下は明らかで、ロナウジーニョの放出は時代の終焉を印象づけていた。チャビもイニエスタもメッシもいたが、チームの再建にはそれなりの時間がかかるだろうと思われていた。

ところがグアルディオラ監督はいきなりリーグ、カップ、チャンピオンズリーグの3冠を達成してしまう。翌年はジョゼ・モウリーニョ監督のインテルに準決勝で敗れるが、バルセロナはすでに並ぶ者のないチャンピオンチームだと誰もが認めるほどになっていた。

そして10－11シーズンに再びマンチェスター・ユナイテッドに勝利してビッグイヤーを獲得。トータルフットボールの流れを汲む数々の強豪チームの中でも、ついに決定版が出たといっていいだろう。

バルセロナの戦術的な大枠はクライフ監督が率いたドリームチームを踏襲している。ただ、ドリームチームもその後のバルセロナも到達できなかった高みに、ペップのチームは登りつめた。

ボールを失った瞬間のプレッシングの威力には目を見張るものがあった。しかし、守備の進化以上にパスワークのレベルが従来とはケタ違いだった。〝ティキ・タカ〟と呼ばれたパスワークは、かつてミランが開発して世界中に流布したプレッシングに引導を渡したといっていい。フットボールから「時間とスペース」を奪いとったプレッシングは、ティキ・タカの登場まで戦術の中心に居座っていた。もちろんずっと安泰だったわけではなく、いくつかの転機はある。

第一段階はプレッシングがミランの専売特許ではなくなり、他のチームにも浸透していった時期。ミランはマルセイユやトヨタカップで対戦したナシオナル・メデジンと〝ミラーゲーム〟を強いられた。

第二段階はスピードスターの登場。互いにハイラインの背後をつきあう展開で、圧倒的なスピードを持つFWの優位性がはっきりしてきた。ティエリ・アンリやアンドリー・シェフチェンコはラインコントロールを視野に収められるサイドに待機し、ディフェンスラインの裏へ出されるパスを拾う競走に勝ってゴールを量産している。これによって、初期のミランが行っていたようなハイラインの維持は困難になり、ディフェンスラインは後退を余儀なくされた。

ラインが後退すれば、プレッシングを行うエリアも当然後退する。もともと高い位置でのボール奪取が攻撃力に直結するはずのプレッシングだったが、後退してしまえば守備の威力を攻撃に転化できなくなる。アリゴ・サッキが世に出したときのプレッシングは、確かにトータルフットボールの精神を受け継ぐものだったかもしれない。しかし、ここに至って現代版カテナチオに変容してしまったわけだ。

ただ、ラインとプレッシングエリアの後退によって攻撃側のビルドアップに余裕が生まれている。前線からのプレスが減っていくと同時に、ビルドアップの重要性が増した。後方に技術の高いプレーヤーを置くことでの優位性が目立ってきていた。ピルロを筆頭とする低い位置にいるプレーメーカーが増加。テクニシャンの復権は、ティキ・タカの前兆ともいえる。

個の能力でプレッシングを無効化するプレーヤーはすでに現れていた。ジダンはその筆頭だ。DFとMFの間、MFとMFの間など、ゾーンディフェンスの境目に現れてパスを受けるジダンは、ただそれだけでプレッシングを崩壊へ向かわせた。「時間とスペース」を攻撃側から奪うことで有利だったプレッシングなのに、ジダンからは時間もスペースも奪えなかった。キープできないはずの場所で、予想外に長くボールを持たれてしまう。そのためにゾーンはジダンへ向かって収縮するのだが、逆にその周囲は空いてしまう。

プレッシングの前提はコンパクトだ。しかし、フィールドまでコンパクトに縮まるわけではない。人が密集化するだけなので、密集してボールを奪えなければ守備ができないスペースが広すぎるというリスクに直面することになる。ディフェンスラインの裏、そして逆サイド。2つの使われないはずのスペースが、ジダンのキープと短いパスによって蘇った。ジダン自身は、彼が育ったマルセイユの団地の中庭でやっていたフットボールと大差ないプレーをしていたのかもしれない。しかし、それが現代的なプレッシング戦法にとって最大の脅威になった。最先端の戦術が、古典的ともいえるプレーヤーの存在によって崩壊したのは予想外の展開だった。

史上でも希有なボールアーティスト、ジダンの息を呑むような美しいボールコントロールは常に得点につながるわけではない。ワールドカップやCL決勝で重要な得点を決める勝負強さはあったものの、得点を量産するタイプでもなかった。しかし、ジダンを擁するチームが有利だということは次第に理解されるようになっていった。プレッシングが世界的に普及しきった時期だからこそ存在感が際立つ。時代に合っていないがゆえに、アンチ・プレッシングの先頭に立って1人で屈服させた不思議な英雄だった。

アルゼンチンにはジダンと似たファン・ロマン・リケルメがいた。数は少ないとはいえ、プレッシングの圧力を問題にしないプレーヤーが出現していた。ただ、それはまだ個にすぎない。ジダンやリケルメがいれば有利ではあっても、圧倒的というほどではなかった。しかし、バルセロナが個ではなくユニットで、あるいはチームとして、ジダンやリケルメの魔術を行使するに至って、プレッシングに対して圧倒的な優位性を持つようになった。

ロンドが世界を制す

グアルディオラ監督のバルセロナがスタートする2008年にはユーロが開催されている。ルイス・アラゴネス監督のスペイン代表が優勝し、ティキ・タカはそこで披露されていたので注目を浴びたのはバルセロナより前だった。チャビ、セスク、イニエスタ、シルバの「クアトロ・フゴーネス」をマルコス・セナが支えている。

ビセンテ・デルボスケ監督に代わってからもスペインの勢いは止まらず、2010年南アフリカワールドカップでは初優勝。さらに2年後のユーロでも連覇を成し遂げた。スペインの主軸はバルセロナのプレーヤーなので両者のフットボールはほぼ同じ。スペイン代表はメッシのいないバルセロナだった。

バルセロナ（スペイン）は守備側のゾーンの隙間にパスをつないだ。そしてゾーンが収縮して網に絡めとられる前にボールを逃がす。これを繰り返されると、やがてゾーンディフェンスによるプレッシングは〝足〟をなくし、消耗し、ボールを奪いにいけばいくほど崩されるという悪夢のような展開に陥る。かつてジダンが個人でつきつけていた脅威は、もはやバルセロナ（スペイン）というチーム単位で守備側を脅迫していた。

ティキ・タカはプレッシングの天敵になったわけだ。プレッシングという戦法が全世界的に行き渡りきったタイミングで登場したティキ・タカは敵なしであり、バルセロナとスペインの一人勝ち状態である。成功のポイントはパスワークの距離を縮めたことだと思う。

コンパクトな陣形から、さらに縦横に圧縮してボールホルダーを窒息させてきたプレッシングから脱出するには、ボールを広いほうへ逃がさなければならないとそれまでは考えられていた。プレッシングに捕まえられる前に、狭い場所へ追い込まれる前に、逆サイドやディフェンスラインの裏を狙うのが上策とされてきた。ところが、バルセロナやスペインの選手たちはむしろ狭い場所へパスを入れていった。

仮に10メートルのパスでゾーンの網に絡めとられるなら、それを15メートルにするのではなく、むしろ5メートルに縮めたのだ。例えば、チャビ↓イニエスタ↓チャビと2人の間で5メートル以下のダイレクトパスが往復するとき、守備側は何のアクションもとることができない。ボールの動きが早すぎるので、アクションが間に合わないからだ。チャビからイニエスタへパスが出て、イニエスタへプレスを開始しようとした途端にボールはチャビへ戻されてしまう。守備側の反応はせいぜい一歩踏み出す程度。プレッシングにノッキングを起こさせたのはパスの距離が近かったからだ。

狭めてくるプレッシングという網から逃れるためには、迂回するよりも網の目をくぐり抜けてしまえばよかったのだ。精密なパスワークの前で、かつては脱出不可能に思えた網の目は案外に大きかった。

「優れた技術の前にはプレッシングなど無力だ」

ヨハン・クライフの言葉は本当だったのだ。それを証明するのに20年もかかってしまったが。

バルセロナのトレーニングの定番に「ロンド」がある。輪の中に〝鬼〟を入れてのパス回し。いくつかのバリエーションがあるけれども、バルセロナのトレーニングは必ずロンドで始まる。クライフ監督のころは、練習といえばロンドばかりだった。ロンドはバルセロナだけでなく、もともとはアヤックスの定番メニューであり、すでに世界中のどこでも行われていた。ただ、バルセロナはそれをそのまま試合で使った。

ロンドでパスが回るのは距離が近いからである。ところが、たいがいのチームはロンドのパスワークをフィールドに合わせて拡大しようとしていた。ロンドはフィールドで起こるパスワークの縮小版であり、一種のウォーミングアップだと勘違いしていたのだ。5メートルのパスを20メートルに拡大し、選手間の距離を開けてしまった。そんな距離感では、当然ロンドのような精度とテンポでパスが回るはずがないのに。

バルセロナはチャビ、イニエスタ、メッシ、ブスケツの4人が近い距離を保ちながら、ごく短いショートパスを連続させてプレッシングを空転させ、バラバラに分解した。近いからあのパスワークができる。広いフィールドに移動してもロンドの距離感はそのままだった。相手が狭く囲い込もうとすれば、さらに距離を縮めて1メートル、2メートルのパス交換でプレッシングの動きを止めてしまう。バルセロナの面々はプレーのスケールをどんどん小さくすることでプレッシングから逃れている。狭くされたら、もっと狭くする。すると、相手はもうそれ以上狭くできなかった。

ある意味逆転の発想である。かつてクライフの言葉はことごとく逆説のように聞こえたものだが、実は本当のことを話していただけだと世間が気づけたのは、21世紀のバルセロナのおかげである。もちろん、21世紀のバルセロナはクライフがいなければ存在していない。ドリームチームも今振り返れば無用に大きかった80年代の携帯電話のようにも見える。ただ、あれがなければスマートフォンもないわけだ。

ポゼッションのカテナチオとバルセロナ包囲網

2008年のユーロに優勝したスペインは、2010年南アフリカワールドカップにも優勝。ここがスペインのピークだったと思う。

緒戦はスイスに0-1。優勝候補筆頭だったので波乱のスタートである。スイスの戦い方は典型的なティキ・タカ対策だった。前線からプレスをかけても外されるだけなので、撤退してペナルティーエリアの外にブロック守備を築く。さらに中央を固める。サイドは空いてしまうが、中途半端にやるよりも徹底的に中央を締めたほうが効果的だからだ。スペインはサイドからのハイクロスにさほど優位性がないので、跳ね返してしまえばいい。撤退籠城戦なので攻撃のチャンスはなかなか巡ってこないが、全くないわけではない。少ないチャンスにかけて、まずは失点を最少に抑える。この戦い方は対バルセロナでも一般的だった。

しかし、スペインはホジュラスに2-0、チリに2-1で勝ってグループリーグを突破すると、ノックアウトラウンドはポルトガル、パラグアイ、ドイツ、オランダをすべて1-0で破って優勝した。〝1-0の美学〟で知られるイタリアも真っ青の1-0の連続である。攻撃型のチームとしては珍しい勝ち方かもしれないが、2年後のユーロ2012も似たような試合を勝ち抜いての優勝だった。

ユーロ12も緒戦はイタリアと1－1のスタート。アイルランドを4－0で下したのはそれらしい点差だが、3戦目はクロアチアに1－0。ノックアウト戦に入るとフランスに2－0、ポルトガルとは0－0の末にPK戦で勝利、決勝のイタリア戦は4－0だが、イタリアは3人交代させた後にチアゴ・モッタが負傷退場となり、その後の29分間に2ゴールを加えての4－0だった。南アフリカワールドカップに比べると、スペインは確かに点をとっている。ただし、勝ち方は1－0の連続だったワールドカップ時と同じで、むしろ傾向はいっそうはっきりしていた。それはいわば〝ボールポゼッションによるカテナチオ〟といっていいかもしれない。

チャビ、イニエスタ、ブスケツのバルセロナ勢を中心に、スペインのボール保持能力は圧倒的だった。ユーロ08のときはFWにダビド・ビジャやフェルナンド・トーレスを起用していたが、ユーロ12では本職のFWがいなくなって「ファルソ・ヌエベ」のセスク・ファブレガスになっている。バルセロナ勢だけでなくシャビ・アロンソ、ダビド・シルバと素晴らしいMF陣に比較してFWが人材不足だったためだが、ゼロトップによってスペインの戦い方がいっそう明確になっていた。得点のためのポゼッションというより、相手にほとんど攻撃の機会を与えないポゼッションになっていたのだ。

スペインのポゼッション能力は異常なほど高く、対戦相手はほとんどボールを持つ機会がない。プレスしても奪えないので撤退するが、守備ブロックの手前で延々とスペインにパスを回されてしまう。90分間攻められどおしで無失点は難しい。そして、スペインに1点でもとられたら反撃はほぼ不可能だった。反撃しようにもボールがないからだ。1点とって、あとは相手にボールを渡さなければ勝ち。攻撃しているのでスペインの戦い方はもちろん守備的ではない。しかし、ボールポゼッションによって得点力を上げたというよりも、最大の効果は相手から攻撃機会を奪い去ったことなので、ボールを保持することで失点を防いでいたといえる。

スペインに最初からその意図があったとは思わない。彼らの武器はパスワークであり、そこからの得点を狙っていただろう。ところが、ポゼッション能力があまりに高いため、対戦相手はハイプレスを諦めて自陣に立て籠もった。そうなるとスペインも容易に崩せないが、相手が引いてしまっているのでパスは回る。そこでより高率になったポゼッションを生かしただけだ。対戦相手が撤退戦、籠城戦をしなければこうはならなかっただろう。

ほぼ同じ現象がバルセロナでも起きている。

2011年のクラブワールドカップ決勝、バルセロナのメンバーからFWがいなくなった【図18】。両ウイングについたのはダニエル・アウベスとチアゴ・アルカンタラ、本職は右サイドバックとMFのプレーヤーである。CFにはメッシがいるが、こちらもファルソ・ヌエベである。メッシの2ゴールとチャビ、セスクのゴールで4-0と勝利している。

図18　2011年のCWC決勝のバルセロナ

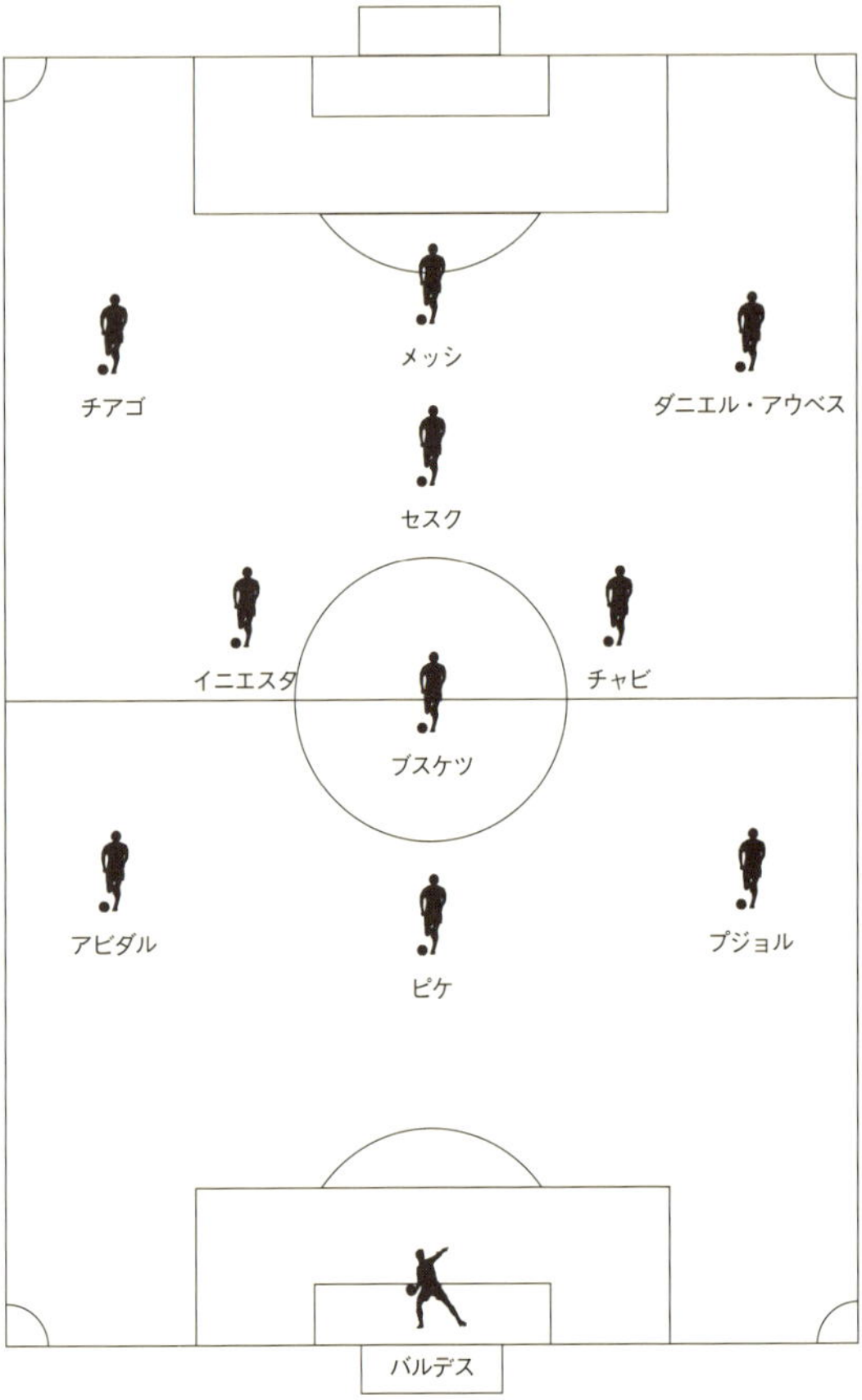

相手はネイマールとガンソを擁するブラジルの雄サントスだった。しかし、プレーしていたのはほぼ1チームだったといっていい。バルセロナのボールポゼッションは71パーセント、サントスに全くといっていいほど反撃の機会を与えないまま着々と得点を重ねていった。プレーのやり方はスペインと同じである。違うのは、メッシがいるので得点できるということだけだ。この試合は、バルセロナとティキ・タカのピークを象徴していた。

猛威を振るったスペインとバルセロナのティキ・タカにもやがて陰りがみえはじめる。12–13シーズンのCL準決勝、バルセロナはバイエルン・ミュンヘンに0–4、0–3の合計0–7という信じられない大敗を喫してしまう。翌13–14は準々決勝でアトレティコ・マドリーに1–1、0–1の合計1–2で惜敗。一方、スペインは14年ブラジルワールドカップでオランダ、チリに連敗してグループリーグ敗退。ティキ・タカ全盛は2014年に終焉を迎えた。どちらも大きな要因はバルセロナ（スペイン）自身の劣化だ。とくにチャビが年齢とともに下り坂となり、ティキ・タカの中心人物を失ったのは大きかった。

ティキ・タカへの対策が進んできたのも要因である。

対策として最も一般的なのは従来の撤退戦、籠城戦だが、この方法では確実にバルセロナ（スペイン）を倒すことはできない。あまりにも攻撃チャンスが限られてしまうので、勝つことが不可能ではないにしろ勝ちを拾うというところから脱却しにくい。ただ、この戦法を極めたアトレティコ・マドリーはバルセロナのライバルにのし上がっている。〝拾う〟以上の勝ち方ができるチームだ。ＣＬでバルセロナと対戦する多くのチームは普段リーグの強豪として振る舞っていて、バルセロナ戦だけ籠城戦を余儀なくされていた。いわば付け焼き刃だったのに対して、アトレティコはディエゴ・シメオネ監督の下、最初からバルセロナを破るために堅守速攻に特化したチーム作りをしていた。

ドイツ勢のゲーゲン・プレッシングもティキ・タカへのアンチ・テーゼだ。最初から諦めて撤退するのではなく、バルセロナのビルドアップに前線から圧力をかけてパスワークの破壊にかかる。リーガ・エスパニョーラでは、むしろ多くのチームがバルセロナに対してハイプレスを仕掛けるようになっている。少なくとも最初の10～20分間はバルセロナのビルドアップを破壊しようというチームが多くなった。そこで奪えれば大きなチャンスになる。最初から撤退してしまうよりもマシだと考え始めたわけだ。ただし、ハイプレスを90分間持続するのは難しく、それにはボールポゼッションでバルセロナと互角に渡り合えるという別の条件が必要になる。

もう1つ、バルセロナ対策というよりバルセロナを追随するバルセロナ化が進んだ。

バルセロナを模倣してもバルセロナにはなれない。実際、多くのチームが失敗している。ところが、バルセロナのパスワークとプレッシングのフットボールを採り入れたことで、バルセロナに対抗できる土壌も作られていった。２試合合計７－０で勝利したバイエルンはその成功例だ。バイエルンはバルセロナのプレッシングをかわせる力を持っていた。バルセロナのプレッシング自体が劣化していたのも否めないが、バルセロナに攻め込まれても押し返せるのは大きい。バイエルンだけでなく、パリ・サンジェルマンもそうした力を身につけていた。ポゼッションとプレッシングの循環で成り立っているバルセロナの必勝パターンに対して、プレッシングを無力化することで循環を断つことができる。そうなったとき、この戦い方に特化しているバルセロナはリトリートして守る力がそれほど高くないので、攻撃力のあるチームなら攻略できる。同じ戦法でバルセロナを凌駕できなくても、その差を縮めてみると意外と勝機があることが示されたわけだ。

ティキ・タカの時代は終わった。しかし、バルセロナは14－15シーズンに優勝する。ルイス・エンリケ監督の率いるチームは、ペップ時代のティキ・タカではなくＭＳＮ（メッシ、スアレス、ネイマール）の能力を生かした戦術でバルセロナを再生している。相変わらずボールポゼッションは高く、プレーの哲学は継承されている。ただし、ＦＷにスペースを持たせて攻撃するほうを優先し、カウンターアタックが増えた。早く攻めれば早くボールを失うことにつながるが、ＭＳＮの決定力に勝る相手はいないので、打ち合いになれば勝てる。相手に攻撃の機会すら与えなかったティキ・タカのピーク時と比べると、相手にも攻撃されるようになったが、そのぶんＦＷの爆発力を使えている。メッシ依存といわれた攻撃陣にネイマールとスアレスを加えたことで、パワーの源泉を中盤からＦＷにシフトしたといえる。

ルイス・エンリケのバルセロナは、レアル・マドリーに近づいたといえる。逆に、レアルはバルサに似てきた。

もともとスペインの２大クラブは似ている。両者のライバル関係から、似ているといわれるのは心外だろうが、別のどのクラブよりも近いのだ。ただ、バルサが「ＭＦのフットボール」なのに対して、レアルは「ＦＷのフットボール」といわれてきた。バルサがＭＳＮを形成する前に、レアルはＢＢＣ（ベイル、ベンゼマ、ロナウド）を揃えている。レアルの戦術は、ＦＷのスピードと得点力を生かしたカウンターに最大の威力があった。ただし、バルサとの対戦では中盤を支配されるので、カウンターアタックは散発的になりがちで、戦列が伸びてしまうための消耗も余儀なくされていた。転機は14-15シーズンにトニ・クロースを獲得したことだろう。クロースはドイツが生んだベッケンバウアー以来のコンダクターでノーエラー主義のＭＦである。常に90パーセント以上のパス成功率を誇り、ときには成功率１００パーセントさえ記録している。クロースとルカ・モドリッチのコンビは、かつてのチャビ&イニエスタに似ている。さらにカゼミーロをアンカーに起用して守備面で２人を支え、レアルはいつのまにかバルサとそっくりになった。

Chapter 10
フットボールの未来

戦術と人生観

なぜ、その戦術なのか。

そう問えば、ほとんどの監督は「勝つためにそうしている」と答えるだろう。確かに、戦術は勝つための方策なのでそれ以外の答えはないはずだ。

しかし、よく考えてみるとそれだけではないように思える。およそ合理性があるようには思えない戦術を採用しているケースは珍しくないからだ。

マウリシオ・ポチェッティーノが初めて監督に就任したのはエスパニョールだった。そして就任直後にはバルセロナ・ダービーが控えていた。ペップ・グアルディオラ監督が率いていて、チャビ、メッシ、イニエスタらがプレーしていた黄金時代ど真ん中のバルセロナである。バルセロナ戦までのトレーニングは2回ほどしかなかったそうだ。ポチェッティーノ新監督は、エスパニョールの選手たちに対バルサ戦略を説明してトレーニングを開始したのだが、話を聞いた選手たちは不安でいっぱいだったに違いない。ポチェッティーノは前線からプレスをかけていく戦い方をすると明言したからだ。ところが、無謀にしか思えない戦術のエスパニョールはバルセロナに0-0で引き分けた。

「なぜ、勇敢な戦術を採用したのですか?」

記者がポチェッティーノに尋ねると、答えは極めてシンプルだった。

「これしか戦い方を知らないからだよ」

そして、ポチェッティーノはこうつけ加えている。

「フットボールには人生が表れる。勇敢な人生をゆくなら、勇敢なフットボールをやるほかにはなく、私は勇敢でありたいと思っている」

フットボールが人生で、人の生き方ならば、選択肢はたくさんあるようにみえて、そうでもないのだろう。結局はこう生きたいと思ったとおりに生きるしかない。もちろん監督は勝たなければならないが、勝敗の行方は誰にもわからない。であれば、せめて生きたいように生きる。そもそも、簡単に生き方を変えられるほど人間は器用ではないのだろう。

勝つための合理性のみを追求する監督もいる。例えば、ジョゼ・モウリーニョはレアル・マドリーの監督時代にあの手この手でバルセロナに対抗していた。あるときはメッシをマンマークし、あるときはファウルを容認して激しい戦いを挑んだ。モウリーニョ監督はときどきそうした手法を用いるので、〝アンチ・フットボール〟と非難されることもある。しかし、彼はもともとバルセロナのコーチだった。スコットランドのコーチングスクールで学び、ポルトガルではボビー・ロブソンのアシスタントを務め、バルセロナでもロブソンとルイ・ファン・ハールを補佐していた。バルセロナのフットボールに精通しているだけでなく、テクニカルなフットボールをするポルトガル人でもある。実際、FCポルトを率いていたときも、チェルシーやインテルのときも、モウリーニョのチームはとりたてて守備的でもなければ、アンチ・フットボールをやっていたわけでもなかった。ただ、ここという試合では守備的な戦術を採ることに躊躇しなかったのも事実だ。

モウリーニョの率いるクラブは常に優勝候補なので、必然的に格下との試合がほとんどになる。だから多くの試合は攻撃的なプレーをしている。しかし、相手が格上になった場合には戦い方を変える。強い相手に対しても諦めず、何とか勝機を見出そうとする。勝つためには何でもする。相手の監督を挑発し、メディアに喧嘩も売る。モウリーニョは勝利至上主義者と批判されるが、それがフットボール哲学であり彼の生き方なのだと思う。

ヨハン・クライフ監督はトヨタカップ（インターコンチネンタルカップ）でサンパウロに敗れた後、

「どうせ轢かれるならフェラーリのほうがいい」

と、話していた。サンパウロは素晴らしいチームだった。そうでない相手に勝利を盗まれるよりはずっといいという意味だ。バルセロナの監督や選手は、彼らがアンチ・フットボールだと思うような相手に負けたときは、相手のやり方を非難する癖がある。しかし一方で、本当に強いと感じた相手に敗れたときは意外とあっさり負けを認める。監督の中には、どんな相手に対しても素直に負けを認めない人もいて、だいたい審判の判定に文句を言うのだが、力負けしたときのバルセロナの人々は案外素直なのだ。

一番にしか興味がないからだろう。自分たちが一番で、最高のフットボールをやる存在であることを目指している。つまり、自分たちより強いチームがあれば、負けるのは当たり前のこととして受け入れる。弱いまま勝とうとは思っておらず、弱いくせに何とか勝ちをくすねとろうとするチームを軽蔑しているのかもしれない。これもまた1つの人生観だ。

ハンドボールに近づくフットボール

未来のフットボールは現在の延長線上にある。現在が過去の出来事を経てこうなっているように、未来は現在と無関係ではいられない。つまり、過去から現在までの変化を辿れば未来の姿もある程度みえてくる。ただ、戦術は合理性だけで成立していない。そのときの人々の人生観も反映される。だから本当のところは予測がつきにくいのだが、あえて見切りをつけて言えば、フットボールはハンドボールやバスケットボールに近づくだろうと予想できる。

手を使えるボールゲームに比べて、フットボールは戦術面で遅れている。

遅れているというよりも、たんに違っているのだが、主に足を使うために手を使うボールゲームに比べるとミスが多発する。それが戦術面でのネックになっているのは明らかだ。つまり足の技術が手に近づくことで、戦術はハンドボールやバスケットボールに近づくはずである。

ハンドボールやバスケットボールでは、いったんボールが手に収まってしまえば奪うのは非常に困難になる。キープされたボールは奪えない、奪われない。これが攻守の前提になっている。手を使うゲームでもフットボールの仲間であるラグビーではタックルが許されているので、ボールを奪いとるチャンスはある。ただそれでも手でボールをつかめるので、フットボールに比べればボールロストは少ない。フットボールではボールを足でつかめない。完全に確保することができない。これは手を使うボールゲームとの戦術面での根本的な違いを生み出している。

ボールを完全に確保できない。またボールはたいてい足下にあるので、フットボールでは完全に周囲を見渡すこともまた難しい。たいていのミスはボールをしっかり見ていないか、周囲を見ていないか、いずれかの場合に起こっているわけだが、ボールと周囲の両方を同時かつ十分に見渡すのは極めて困難なのだ。ボールに注視すれば、その瞬間に周囲を見ることはできないし、周囲を見渡しながらボールを扱うのも難しい。そのときどきでボールと周囲を交互に見る、または一方に重点を置きながらもう一方を間接視野でとらえる、想像力で補うことになるわけだ。だからフットボールはいまだにミスのゲームであり続けている。

例えば、ボールを確保すれば守備側に奪うチャンスの少ないハンドボールの場合、守備の原則は撤退である。退いてゾーンを埋め、シュートブロックに専念する。パスをカットできるチャンスはあるが基本的には相手のミス待ちだ。バスケットボールも同じで、パスのインタセプトかシュートブロック、またはシュートミスのリバウンドを拾うことでボールを奪取している。

フットボールの技術水準が手を用いるボールゲームに近づくとすると、守備側の対応はおそらく同じようなものになるはずだ。つまり、前線や中盤でボールを奪うチャンスは少ないので自陣に引いて守備を固める。ボール奪取の機会は、攻撃側がシュートを打つときのシュートブロックやパスカットがメインになると考えられる。

もちろんハンドボールと違ってフットボールではタックルが許されているし、ボディコンタクトも制限つきではあるが認められているので、全くボールを奪うチャンスがない事態にはならないだろう。ただ、現在よりも攻撃側のミスが少なくなっていけば、ボールを奪える可能性はそれだけ減る。技術の向上は守備のやり方を変え、手を用いるボールゲームに近づいていくと予想できる。

もうすでにそうなっている。バルセロナやレアル・マドリーなど、強力なチームと対戦するチームは、前線や中盤で奪うことを諦めて撤退守備に専念することが多い。一部のチームは、強力な相手に対してもできるだけ前方でボールを奪おうと試みていて、今のところその効力もあるけれども、いずれ奪えないとはっきりしたときにはやはり撤退せざるをえないだろう。また、ハイプレスで奪えなかったときには現在でも撤退している。

形のうえではすでにハンドボール的になってきているわけだ。しかし、ハンドボールやバスケットボールと違うのは、フットボールの攻撃は成功率が著しく低いこと。技術水準の向上によって、もっと崩せる回数が増え、得点が増えなければならない。そうなったときにフットボールはおそらく次の段階に入る。

現状でネックになっているのは、分厚く守れば簡単に得点が入らない守備側優位の状況にある。90分間攻め続けても1点か2点しか入らず、下手をすれば1点もとれない。だから、もっぱら守備を固めてカウンターのチャンスを待ち続ける戦術も有効であり続けている。一方、1点か2点を奪ってしまえば、今度はリードした側が守備を固めれば逆転される恐れもあまりない。もともと専守防衛のチームには攻撃力もないので、かつてのスペインのようにリードしたら延々とボールを回し続けて1−0で終えることもできる。

しかし、攻撃側の技術が上がり、分厚く守ったところで3、4点も確実にとられてしまうとなれば、守備に専念しているわけにはいかなくなる。そして同等の攻撃力で反撃すれば、相手もまた守備を固めるだけでは逃げ切れない。つまり、技術の向上によってフットボールはロースコアではなくなる可能性がある。1−0、2−1ぐらいで勝負がつくのではなく、5−4や7−

6というスコアが珍しくなくなる。現状の守備優位のボールゲームから、攻撃優位に変化するのかもしれない。

実際、技術的に最もレベルの高いCLではロースコアの試合が減ってきた。16－17シーズンのラウンド16では、パリ・サンジェルマンがバルセロナとの第1戦に4－0で勝ったが、第2戦ではバルセロナが6－1で勝利している。4点差での第2戦がセーフティーでなくなってしまったわけだ。これは例外的なケースだが、4点差がセーフティーとはいえない時代がやがて来るのかもしれない。

ただ、ここ100年ほどでフットボールのスコアはそれほど劇的に変化していない。最初の国際試合だったスコットランド対イングランドはスコアレスドローだった。100年間で技術水準は向上し、守備戦術も発展した。GKの能力も進化している。攻守ともに進歩してきた結果、フットボールは100年経過してもフットボールのままでいる。

それが足で行う球技の限界なのか、それとも本当のブレイクスルーがこの先に待っているのかはまだ何とも言えない。

わかっているのは、技術の向上がカギを握っているということだ。フットボールで守備が基本的にリアクションであるように、攻撃の進化があって守備の進歩があるからだ。ボールを足でつかめない、確保できない、その制約をどれぐらい取り除けるかで、フットボールが次の段階に移行するかどうかが決まってくるだろう。

ハイプレスが無効になるとき

フットボールの戦術は、攻撃と守備の相克によって発展してきた。そのパターンはおそらく未来でも繰り返されるはずだ。

ここで、現在までの戦術の流れをざっくり振り返りつつ、未来がどうなるかを考えてみたい。すでに触れたことの繰り返しになってしまうが、100年をより俯瞰的にとらえることで未来への見通しはよくなるはずだ。

戦術的な大きな変化は1925年のオフサイド・ルールの改正である。現在のオフサイド・ルールに変わり、それまでの2バックで守るのが難しくなっている。そこで考案されたのが3バックのWMシステムだった。これが守備戦術における第一のイノベーションだろう。

30年代にヴンダーチーム、40年代のリーベル・プレート（アルゼンチン）、50年代にはハンガリー、60年代にブラジルがスーパーチームとして君臨する。こちらは攻撃面での進歩だ。53年にハンガリーがイングランドに大勝した一戦は、英国のみならず世界的な衝撃を与えた。ハンガリーの「偽9番」に対して、3バックが無力だったことも世界的に認知された。

そこで第二の守備革新が起こる。リベロの導入だ。WMシステムでは攻撃と守備のフィールドプレーヤーの人数配分は5人と5人だった。しかし、リベロの導入によって守備重視の考え方が浸透し、フットボールは点を取り合うゲームから、失点ゼロを目指すようになった。攻撃は守備力を犠牲にしない程度で行うという方向へ舵が切られた。

70年代のトータルフットボールは、リベロ・システムの中から誕生している。まず、リベロそのものが攻撃的な役割をこなすようになった。さらに、他のDFも攻撃時にはマーク相手を捨てて攻撃に出る自由が認められた。西ドイツとオランダは、トータルフットボールの双璧としてこの時代をリードした。

トータルフットボールは攻撃的サイドバックも生み出している。すでにジャチント・ファケッティというオリジナルは60年代にあったわけだが、パウル・ブライトナー、ビム・シュルビア、ジュニオールなど、サイドバックの攻撃力は不可欠なものになっていった。それに伴って、花形ポジションだったウイングがなくなっていく。攻撃力の高いサイドバックがウイングの代用ができるのと、相手の攻撃的サイドバックをマークするには従来のウイングプレーヤーでは不十分だったからだ。ウイングはワーキング・ウインガーという形で中盤に組み込まれ、3トップに代わって2トップが台頭する。これを攻撃の進化ととるかどうかは微妙なところだろう。

むしろ、守備の増強のためにウイングが廃棄されたとみるべきかもしれない。

2トップへの守備側の対応としては、マークをはっきりさせた3バックによる3‐5‐2システムの普及があった。もう1つは、ゾーンの4バックのままでの対応。3‐5‐2とゾーンの4‐4‐2は80〜90年代の二大システムになっていく。この時代の攻撃面でのイノベーションは、攻撃的サイドバック（またはウイングバック）とトップ下（10番）の活躍だ。2トップを操り、自らも得点できる10番として、マラドーナ、プラティニ、ジーコなどが注目された。

セリエAで猛威を振るったマラドーナへの封じ込め策として出てきたのが、ACミランによるゾーナル・プレッシングである。リバプールを下地に、70年代のトータルフットボールにおけるボール狩りの要素をアレンジし、完全ゾーンシステムを確立している。サッキ監督が作り上げた戦術は、戦術史上でも最大の分岐点だったかもしれない。

ミラン型のゾーンとプレッシングの戦術は、守備を攻撃的に行うことで攻撃面での効果も出している。その点で、攻守両面でのイノベーションだった。ただ、ベースはやはり守備の改良である。

プレッシングへのアンチ・テーゼとなったのがクライフ監督のバルセロナ（ドリームチーム）だ。3‐4‐3を用いてボール保持とフィールドを広く使う攻撃によって、四角に収縮しようとするプレッシングの上から円を重ね、プレッシングの解体を図った。バルセロナもプレッシングは行うが、こちらは主に攻撃面での革新である。ミランの継承者としてユベントスが黄金時代を築き、一方でバルセロナとその源流であるアヤックスが攻撃型の旗手として戦術的に競い合っていた。

そしてプレッシングが普及しきった段階で登場したのが、バルセロナとスペイン。精密なパスワークでゾーンの守備ブロックを破壊していく。技術によって守備戦術に対して優位を占めた。このバルセロナ（スペイン）の〝ティキ・タカ〟に対しては、アトレティコ・マドリーが2トップも守備組織に組み込んだ10人ブロックで対抗。さらにティキ・タカと10人ブロックの両方を吸収したレアル・マドリーが現れる。マンツーマンのハイプレスとポゼッションを組み合わせた、バルセロナ型ながらよりインテンシティの高いビエルサ派も台頭しているのが現在である。

未来を解くカギになるのは、グアルディオラ監督時代にピークだったバルセロナの後継者が誰になるかだ。

ペップ時代のバルセロナは、驚異的なボールポゼッションによって相手に攻撃の機会すら与えなかった。ポゼッションによる押し込み↓ハイプレスによるボールの早期回収のサイクルで一方的な支配を実現している。この高みに達したのは今のところペップのバルサだけだ。この戦い方を極めた場合にはもはや敵はいないので、グアルディオラ監督はバイエルン・ミュンへンでもマンチェスター・シティでも基本方針は変えていない。ただ、周囲の状況は変わってきている。

ハイプレスをパスワークで外せるチームは確実に増えた。レアル・マドリー、パリ・サンジェルマン、そしてペップが指揮したバイエルン、さらにユベントス、ナポリ、セビージャなどだ。ハイプレスを外されてしまったとき、守備は次の局面に移行する。つまり、リトリートして中盤にブロックを設定する守備組織だ。ところが、ハイプレスを徹底させようとすると、外されたときには次善の中盤ブロックの形成は現実的にほぼ間に合わない。そうなると守備の最終局面である、自陣への撤退に移行せざるをえない。撤退守備ができればまだいいほうで、敵のカウンターアタックに同数以下で守備をしなければならないケースすら出てくる。これはかなりリスクの高い状況といえる。

ハイプレスが効かないとなれば、リスクを避けて早めにハイプレスを諦めて中盤ブロックへの移行を優先させなければならない。現状でハイプレスはまだ効果がある。しかし、それも効果なしのハイリスク戦法に格下げされる時代はもうすぐそこまで来ているような気がする。

ハイプレスが完全に効果なしとなると、ボールを失ったらとりあえず素早く中盤まで下がってブロックを作る守備が主流になる。この方法は現在でも一般的に行われているので、むしろ普通の守り方だろう。ただ、これの効果がないこともすでに確認済みなのだ。だからこそハイプレスに打って出たわけで、振り出しに戻ったようなものである。そして中盤でも奪えなければ自陣ペナルティーエリア外まで引いての守備になる。

その構図はハンドボールやバスケットボールと似たものだ。攻撃側が狙うのはまず高速カウンターだが、それが無理ならじっくりとキープして攻め込む。守備側はそれを容易には奪えないので自陣まで撤退して守備の網を張る。そして、ボールを奪ったら今度は相手が同じような守備をする…中盤はやがて通過するためだけの場所になるかもしれない。そうなったとき、フットボールはかつてのハンドボールがそうだったように、フィールドを縮小するのだろうか。

堂々巡りの技術革新

フットボールの未来が技術の発達にかかっているとすると、個々のプレーヤーのボールコントロールに未来が託されていることになる。

CL（チャンピオンズカップを含む）の得点者をみてみると、今のところ通算100ゴールを超えたクリスティアーノ・ロナウドが最多得点者だ。メッシがすぐ後ろに来ているので、2人の競争はあと数年続くだろう。ロナウドとメッシが史上トップクラスのゴールゲッターなのは間違いない。

ただ、1試合平均のゴール数となるとランキングは変わる。得点率のトップは70年代にバイエルン・ミュンヘンのエースだったゲルト・ミュラーだ。ミュラーの平均得点は1試合あたり0・97。ほぼ1試合1得点である。ミュラーの試合数は35試合で、これは100試合を大きく超えているロナウドやメッシよりはるかに少ない。試合数が多くなれば得点率は下がっていたかもしれない。ただ、ミュラーは西ドイツ代表として62試合で68点もとっているので、試合数が増えても得点率は下がらない可能性もあるだろう。

得点率の2位はミランやユベントスで活躍したアルタフィニで0・86。3位がフェレンツ・プスカシュの0・85。4位はアルフレード・ディ・ステファノの0・84。トップ4は70年代以前のプレーヤーで占められている。5位にようやくメッシで0・82。6位がルート・ファン・ニステルローイ、7位がジャン＝ピエール・パパン、通算得点トップのロナウドが8位である。9位はポルトガル人としてロナウドの先輩であるエウゼビオ、10位ロベルト・レヴァンドフスキ、ここまでがトップ10だ。

メッシ、ロナウド、レヴァンドフスキは現役選手なので、この先に順位の変動はあるかもしれないが、おそらくミュラーの記録を抜くのは難しいだろう。

得点率ランキングを眺めて思うのは、個人の得点能力はこの70年間であまり変化していないということだ。

ミュラー、プスカシュ、ディ・ステファノが上位なのは、現在に比べて守備が緩かったからと考えるかもしれないが、当時は攻撃のエースに対して徹底的なマンマークを行っていた。守備組織そのものは当時より現在のほうがはるかに強固になっているが、対個人という点ではむしろ昔のほうが難しかったかもしれない。守備の緩さだけが彼らの得点率の高さの原因なら、50~70年代のFWがもっと上位にランクインしているだろう。ミュラー、プスカシュ、ディ・ステファノ、エウゼビオは、仮に現在プレーしていたとしても高い得点率を記録していたと思う。逆に、メッシやロナウドが過去のプレーヤーだったとしてもやはり点をとっていたに違いない。つまり、得点力に時代性はあまり関係なく、ただ個の能力次第というのが、このランキングから読み取れる傾向だ。70年間で個人の得点力は進歩していないということになる。

年月が経っても個人の得点能力に大きな変化がないとすると、フットボールの得点は未来においても増加せず、現状維持になるかもしれない。

バルセロナではラストパスのターゲットはメッシになっている。ネイマールもスアレスも、まずメッシを探す。2つパスコースがあれば、状況的に確率の高そうなほうではなくメッシへのパスが優先されている。レアル・マドリーにおけるロナウドも同じだ。彼らは例外的なゴールゲッターであり、たとえ彼らへのパスのほうが常識的にゴールにつながりにくいようにみえても、彼らの能力こそ得点への保証なので、チームメートはまずメッシを探し、ロナウドを感じながらプレーしなければならない。簡単にいえば、メッシやロナウドにシュートさせることが得点への近道なのだ。

エースストライカーの得点能力がチームの得点力に直結するなら、個の能力が時代によって変化しない以上、フットボールにおいて得点が飛躍的に伸びるとは考えられない。つまり、フットボールはハンドボールに近づかない。

ただ、個の得点能力が進化しないとしても、エースにチャンスを供給する回数が増えれば得点が増える可能性はある。ペレやミュラーをはるかに超えるゴールゲッターがぞろぞろ出てくる事態にならなくても、チャンスメークのレベルが上がれば同じレベルのFWでもより多くの得点をとることができる。

ディ・ステファノやプスカシュがプレーした50年代から、FWの得点率がほぼ個の能力に依存していて大きな差がないということは、チャンスメークの能力も飛躍的に向上していない。おそらくそこが突破口になる。

世界の頂点にいるトッププレーヤーの質は、時代によって大きな差がない。その時代に合わせて適応しなければならないが、技術、スプリント能力、インテリジェンスが時代に応じて進化することはないようだ。ディ・ステファノやメッシのような選手は、彼らの時代において偉大であり、その時代での相対的な地位は変わらない。しかし、彼らを囲む周囲のプレーヤーの質が飛躍的に向上する可能性はあるのではないか。

実際、平均的なプレーヤーのクオリティは時代とともに進化してきていると思う。マラドーナと同じボール感覚を持つプレーヤーは当時も今もほぼいないとしても、それに近いプレーヤーの数は確実に増えている。トップ・オブ・トップは頭打ちとしても、それに準ずるプレーヤーたちのレベルアップによって得点力は上がっていく可能性はある。

ところで、画期的な戦術の革新は守備によって起きてきた。

WMの3バック、リベロ、プレッシングは戦術史上のターニングポイントだった。一方、攻撃面での革新は断続的に現れるだけだった。ヴンダーチーム、マジック・マジャール、トータルフットボールなど、現れては消えて、忘れたころにまた現れる。守備の進化に比べて、継続性もなければ右肩上がりのイメージも薄い。

守備戦術が攻撃を防ぐために変化し、進化してきたのに比べると、攻撃は構成メンバーの質に大きく左右される。簡単にいえば、ペップのバルサとルイス・エンリケのバルサは若干メンバーが変わっているだけだが、おそらく多くの人々はペップのチームのほうが強かったと考えるだろう。時代的にはルイス・エンリケのほうが最近なので、新しければそれだけ進歩するというわけではなさそうである。

偉大なチームの中でも、どのチームが最も偉大だったかは評価が分かれる。50年代のハンガリーが現代にタイムスリップしてきたとしても、彼らの時代と同じようには勝てないだろう。チームの偉大さは、その時代においてはかるべきものだ。ペップのバルサとルイス・エンリケのバルサが対戦したら後者が勝つかもしれないが、それとはまた別の話なのだ。

いずれにしても、未来に現れる偉大なチームは過去の偉大なチームと似ているはずだ。ボールをワンタッチで完璧にコントロールできなかったり、パスが不正確だったり、最適のタイミングで動けないチームではない。どんなに速く走れても、パワーがあっても、守備組織が優れていても、偉大なチームにはなりえない。それはクイーンズ・パークがショートパスをつなぎはじめたときから現在まで変わらない事実であり、未来もその流れが変わるとは考えにくいからだ。

エピローグ　クライフが遺したもの

ヨハン・クライフをはじめて間近で見たのは、バルセロナの監督として来日したときと記憶しています。親善試合のために日本に来ていて、東京のホテルで記者会見を行いました。フリスト・ストイチコフがバルサに入ったばかりのタイミングでしたね。

テーブルの上に置かれていた〈ストイチコフ〉とカタカナで書かれた札が、なぜか上下反対になっていたので直してあげた覚えがあります。そのころは、まだネコを被っていたのかストイチコフもなんだか初々しかったです。クライフ監督に新加入のストイチコフについて聞くと、

「縦への推進力のあるプレーに期待している」

との答えでした。ブルガリアのＣＳＫＡソフィアで得点を量産していたので、得点力に期待しているのかと思っていましたが、他のバルサのプレーヤーにはない深さを作れるＦＷとしてみていたようです。

「ひと目みて、俺と同じタイプの人間だと思った」（ストイチコフ）

後に、ストイチコフはクライフについてそう話しています。一筋縄ではいかないタイプ

だと直感したそうです。クライフは多くの信奉者とともに、多くの敵も作りました。

「フットボールについては何でも知っている」

若いころから、そんなことも言っていたようです。ナマイキです（笑）。ただ、彼の生い立ちからすると確かにそうなのかもしれません。アヤックスのスタジアム、デメールはクライフの家の目と鼻の先でした。少年時代はボールボーイをしていて、プロ選手たちから可愛がられていたそうです。早くに父親を亡くし、母親がスタジアムで働いていました。学校が終わると、ヨハン少年はスタジアムに直行して母親におやつをもらうと、どこかへ消えていくという毎日だったそうです。継父となった仲良しの〝ヘンクおじさん〟はアヤックスの用具がかりでした。選手からボーナスの話を聞き、グラウンドキーパーから芝生について学ぶ。フットボールを呼吸するようにスタジアムで育った少年だったわけです。

スーパースターが監督になると、よく「普通の選手のことがわからない」と言われます。しかし、クライフはそんな疑問にあっさり答えています。

「私のキャリアはずっと自分より下手な選手とともに過ごしてきたのですよ」

言われてみればそのとおりなのですが、聞きようによっては反感を買いそうです。

「走る選手は良くない選手で、走るチームはダメなチームだ」

これも説明をよく聞かないとわからないでしょう。一般的には、よく走るのは良い選手で良いチームと思われていますから。最近は選手やチームの試合での走行距離がすぐにわかるようになりました。バルセロナの走行距離は常に対戦相手より少ない、それでいて試合は勝っています。リオネル・メッシのある試合での走行距離がGK並ということで話題になったこともありました。バルセロナもメッシもあまり走っていないわけです。もちろんバルサは強いチームで、メッシは良い選手です。

クライフの右腕だったカルレス・レシャックがJリーグの横浜フリューゲルスで監督を務めたことがあります。最初の練習でレシャックが「パスを回せ」と言ったら、選手たちがいっせいに動き出した。パスを受けるために選手がグルグル回りはじめたそうです。ところがパスは全然回らない。レシャックはプレーを止め、「君はここ。お前はここ」と、1人ずつポジションにつけたそうです。そして、動きすぎてはいけないと。

「正しいタイミングで、正しい場所にいること」（クライフ）

そのためには動きすぎてはいけない。良いポジションから悪いポジションに移動してしまうからです。メッシは常に相手から警戒されています。しかし、フリーでパスを受けることができる。そんなに動いていないのに。むしろ、動きすぎないからフリーになれる。ある敵から離れれば、別の敵に近づくだけだからです。ジャストなタイミングで、敵がインターセプトできない場所でパスを受けるには、動きすぎてはいけない。つまり、闇雲に走るだけではダメで、「正しいタイミング」「正しい場所」を知らなければならない。それをよく知っている選手やチームはそんなに走る必要がないので、例えば1試合に12キロも走る選手は、無駄に走りすぎているか相手に走らされているということになるわけです。

もちろん走ってナンボのチームもあります。ただ、クライフには興味がなかったのでしょう。優れた選手が優れたプレーをして勝つ、それが彼にとってのフットボールだったのではないでしょうか。

2016年2月14日、リーガ・エスパニョーラのバルセロナ対セルタ。メッシはPKをシュートせずに軽く横へ流し、走り込んできたルイス・スアレスがゴールしました。このPKをパスするトリックプレーは、1982年12月5日のアヤックス対ヘルモンドでクライフが成功させています。クライフはイェスペア・オルセンへパス、戻ってきたリターンパスをクライフが決めています。メッシのシュートしないPKは、肺がんで病床にあったクライフへのオマージュでした。

「おそらく私はアムステルダムではじめてベビーカーを押した男だろう」(クライフ)

トータルフットボールは偉大な発明であるとともに異端でもありました。PKをパスするような選手がいたからこそ、成立したのだと思います。人と違うことも、誤解も恐れず、自由な発想で新たな地平を切り拓いた。その勇気は、「ハッキング」を恐れない勇気とは別のものです。クライフは２０１６年3月24日に永眠しましたが、その姿勢と精神は受け継がれ、フットボールを前進させていくのではないかと思います。

西部謙司
Kenji Nishibe
1962年9月27日、東京都生まれ。少年期を台東区入谷というサッカー不毛の地で過ごすが、小学校6年時にテレビでベッケンバウアーを見て感化される。以来、サッカー一筋。早稲田大学教育学部を卒業し、商社に就職するも3年で退社。学研『ストライカー』の編集記者を経て、02年からフリーランスとして活動。95年から98年までパリに在住し、ヨーロッパサッカーを中心に取材。現在は千葉市に住み、ジェフ千葉のファンを自認し、タグマ版「犬の生活」を連載中。おもな著書に『1974フットボールオデッセイ』『イビチャ・オシムのサッカー世界を読み解く』(双葉社)、『Jリーグの戦術はガラパゴスか最先端か』(東邦出版)、『戦術リストランテⅠ～Ⅲ』(ソル・メディア)、『眼・術・戦』、『サッカー右翼サッカー左翼』『4-4-2戦術アナライズ』(カンゼン)など。

デザイン　ゴトウアキヒロ（フライングダッチマン）
DTPオペレーション　株式会社ライブ
写真　Getty Images
編集協力　一木大治朗、小澤祐作
編集　森 哲也（カンゼン）

サッカー **戦術クロニクル ゼロ**　トータルフットボールの源流と未来

発行日　2017年7月18日　初版

著　者　西部 謙司
発行人　坪井 義哉
発行所　株式会社カンゼン
〒101-0021
東京都千代田区外神田 2-7-1 開花ビル
TEL 03（5295）7723
FAX 03（5295）7725
http://www.kanzen.jp/
郵便為替 00150-7-130339
印刷・製本　株式会社シナノ

ISBN 978-4-86255-413-0
Printed in Japan
定価はカバーに表示してあります。